Deutschbuch
Trainingsheft für Klassenarbeiten und Lernstandstests

Real- und Gesamtschule Nordrhein-Westfalen   Lösungen

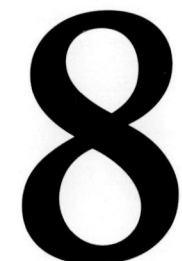

▷ S. 6 **Projektwoche – Einen Bericht für eine Lokalzeitung schreiben**

▷ S. 6 **A Die Aufgabe verstehen**

1. d

▷ S. 7 **B Stoff sammeln**

1. c
2. Wichtige Fragen lauten: Wer? Wann? Wo? Was? Wie? Warum? Welche Folgen?
3. Die Äußerung von Herrn Lehmann / dem Hausmeister ist nicht brauchbar, weil er nicht inhaltlich zur Projektwoche Stellung nimmt.
4.
Wer?	„Schülerinnen und Schüler an der Heinrich-Heine-Schule" (Z. 21), Polizei (Z. 12); „gemeinsam mit den Schülerinnen und Schülern" (Z. 24)
Wann?	„Projektwoche vom 25.–29. Juni" (Z. 15); „… von 8.00–12.30 Uhr …" (Z. 29), „nachmittags" (Z. 30)
Wo?	„Heinrich-Heine-Schule in Bochum" (Z. 21)
Was?	„Projektwoche zum Thema ‚Ohne Gewalt stark'" (Einführungsteil, Z. 7, 15, 29); Methoden und Strategien […], um Streithähne […] zu versöhnen." (Z. 6); „in verschiedenen Workshops" (Z. 29)
Wie?	„Jeder konnte sich für zwei Workshops anmelden" (Z. 1); „z. B. Mobbing – Wie kann ich mich ohne Gewalt wehren, Streitschlichterausbildung, Meditativer Kampfsport, Fair streiten, Offen sein – ohne Beleidigungen, Selbstverteidigung für Mädchen" (Z. 1–4); „… finden viele nachmittags noch Zeit, verschiedene Veranstaltungen und Vorträge […] zu besuchen (Z. 30–31); Polizei arbeitet mit (Z. 24–25)
Warum?	„… Wir lernen 'ne Menge darüber, wie Gewalt entsteht und wie man sie vermeiden kann." (Z. 7–8); „Prügelei […] im Frühsommer, bei der ein Schüler eine gebrochene Nase zurückbehielt." (Z. 15–16); „Viele sind selbst bereits Opfer von Gewalt geworden, […] von Beschimpfungen über Ohrfeigen bis hin zu Prügeleien. […] Ziel war es, […] Gewalt […] zu verhindern oder zumindest zu vermindern." (Z. 22–25)
Welche Folgen?	„Die Idee, dass jeder eine Vereinbarung unterschreiben soll und sich damit verpflichtet, bei Gewalt wie Mobbing oder Erpressung nicht wegzuschauen, sondern etwas zu unternehmen […]" (Z. 8–10 und Z. 25–26); „Die Präsentation der Ergebnisse […] auf dem Schulfest […], am 20. Juli, in unserer Aula […]." (Z. 19–20)

▷ S. 7 **C Übungen**

1. Zum Hintergrundbericht gehören die Aussagen b und d, zum Ereignisbericht die Aussagen a und c.
2. Nicht vorkommen dürfen: **wertende Beschreibungen, spannender Höhepunkt, Vermutungen, ausschmückende Adjektive, persönliche Kommentare**
3. Folgende Formulierungen sollten ~~gestrichen~~ bzw. überarbeitet werden:
    Die ~~fleißigen~~ Lehrer … führten ~~(wie von der Mehrheit der Lehrerkonferenz am 04. 09. 2006 beschlossen)~~ in der Woche vom 25.–29. 6. 2007 eine ~~ziemlich coole~~ Projektwoche … durch. ~~Der Gegenvorschlag, eine Projektwoche zum Thema „Bücher der Welt", wurde leider niedergeschlagen.~~ Man durfte zwischen ~~echt attraktiven~~ Workshops … wählen~~, was ich auch gerne genommen hätte, aber ich war bereits für die Streitschlichterausbildung angemeldet~~. <u>Die Workshops fanden übrigens von 8.00–12.30 Uhr statt.</u>

Lösungsheft

▷ S. 8 **4** (1+b): Die Heinrich-Heine-Schule **führte** eine Projektwoche zum Thema „Ohne Gewalt stark" durch, nachdem zuvor auf dem Schulgelände gehauft Gewalttaten **aufgetreten waren**.
(2+c): Die Polizei **freute** sich über die Motivation der Schülerinnen und Schüler, nachdem sie zuvor nur einen Workshop an Schulen der Region **veranstaltet hatte**.
(3+a): Nachdem die Schülerinnen und Schüler ihre Kurse gewählt hatten, **arbeiteten** viele Kursteilnehmer konzentriert und **leisteten** Beachtliches.

5 a) Lennart sagte, dass er als Klassensprecher künftig einschreiten werde, wenn er Mobbing bemerkte.
b) Herr Munter teilte mit, dass es ihn gefreut habe, dass alle mit Feuereifer bei der Sache gewesen seien.

6 Hier gibt es viele Möglichkeiten; so könnte man die Sätze beispielsweise wiedergeben:
a) Martin erzählte davon, auch schon einmal erpresst worden zu sein. Heute würde er um Hilfe bitten, damals habe er den Mut nicht gehabt.
b) Pauline ist dafür, dass es an jeder Schule eine Projektwoche zum Thema „Gewalt" geben solle.

▷ S. 9 **D Den Schreibplan erstellen**

1

Gliederung	W-Fragen	Antworten
Einleitung	Wer war beteiligt?	Schülerinnen, Schüler, Kollegium der Heinrich-Heine-Schule, Polizei
	Wann geschah es?	in der Woche vom 25.–29.6.2007
	Wo geschah es?	Heinrich-Heine-Schule in Bochum
	Was ist geschehen?	Projektwoche zum Thema „Ohne Gewalt stark"
Hauptteil	Wie geschah es?	verschiedene Workshops von 8.30 bis 12.30 Uhr, freiwillige Arbeit am Nachmittag, Präsentation auf dem Schulfest vor den Ferien
Schluss	Warum geschah es?	Anlass war eine Prügelei auf dem Schulhof, bei dem die Nase eines Schülers gebrochen wurde; Gewalttaten auf dem Schulgelände kamen täglich vor.
	Welche Folgen hatte das Geschehen?	Schülerinnen und Schüler haben eine Vereinbarung unterschrieben mit dem Ziel, Gewalttaten an der Schule deutlich zu vermindern.

▷ S. 9 **E Den Text überarbeiten**

1 Es fällt auf, dass alle Sätze gleich anfangen, nämlich mit „Die Lehrer und Schüler" oder „Die Schülerinnen und Schüler". Außerdem enthält der Text wertende Aussagen (topaktuell, spannend).

2 So könnte das Beispiel verbessert werden:

> „Ohne Gewalt stark" – eine Projektwoche an der Heinrich-Heine-Schule
> **Kollegium und Schülerschaft** der Heinrich-Heine-Schule führten ... eine Projektwoche zu dem Thema „Ohne Gewalt stark" durch, **in der** die Schülerinnen und Schüler zwischen Workshops wie ... wählen durften. **Nachdem / Da viele Kursteilnehmer laut Aussage des Direktors** Gewalt schon am eigenen Leib erfahren hatten, waren sie hoch motiviert und opferten **zum Erstaunen der Lehrkräfte** sogar ihre Nachmittage für Veranstaltungen.

3 Dein Zeitungsbericht könnte folgendermaßen aussehen:

> „Ohne Gewalt stark" – Schüler gegen Gewalt
> Die Schülerinnen und Schüler der Heinrich-Heine-Schule in Bochum führten in der Woche vom 25.–29.6.2007 mit Unterstützung der örtlichen Polizei eine Projektwoche zu dem Thema „Ohne Gewalt stark" durch. In unterschiedlichen Workshops wie z. B. „Mobbing" oder „Selbstverteidigung für Mädchen" lernten die hoch motivierten Schülerinnen und Schüler unterschiedliche Formen von Gewalt kennen und eigneten sich Methoden an, um ihnen zu begegnen oder sie zu verhindern. Anlass für die Projektwoche war laut Aussage von Direktor Obrist eine Prügelei im Frühsommer, bei der ein Schüler eine gebrochene Nase zurückbehielt. Gespräche hatten ergeben, dass für viele Schülerinnen und Schüler Gewaltübergriffe zum Schulalltag gehören – und das soll sich nun ändern: Am letzten Tag der Projektwoche unterschrieben die engagierten Schülerinnen und Schüler eine Vereinbarung, in der sie sich verpflichten, als Zeugen von Gewalttaten nicht länger wegzuschauen, sondern einzuschreiten. Die Ergebnisse der Projektwoche können Eltern und Freunde am 20. Juli beim Schulfest vor den Sommerferien in der Aula begutachten.

Lösungsheft

S. 10 UNICEF – Einen Hintergrundbericht für ein Portfolio verfassen

S. 12 A Die Aufgabe verstehen

1 *Folgende Aussagen sind sinnvoll: b, c, e, h, i und j.*

S. 12 B Erstes Textverständnis – Materialien sichten

1 *Tipp: Überlege, ob du in der letzten Zeit im Fernsehen, in einer Zeitung, im Unterricht usw. etwas erfahren hast, das mit Hilfsorganisationen zu tun hat.*

2 *a) UNICEF ist das Kinderhilfswerk der Vereinten Nationen.*
b) UNICEF setzt sich u. a. ein für Bildung, Ernährung und Gesundheit von Kindern weltweit.

3 *Allgemeine Fragen könnten z. B. sein: Welche Rechte haben Kinder? Welche Gefahren drohen Kindern? Was fehlt ihnen? Wie kann man diese Mängel beheben und den Kindern helfen?*
Konkrete Fragen können sein: Wer ist bei der Schulbildung stark benachteiligt? Welches sind die gefährlichsten Kinder- bzw. Infektionskrankheiten? Wie werden sie übertragen und wie kann Schutz dagegen wirksam aussehen? Wie gelingt es bei allen Maßnahmen, die Kinder möglichst schnell und rechtzeitig zu erreichen? Was tut UNICEF für sauberes Trinkwasser? ...

S. 13
4 *c*

5 *a) Wichtig sind v. a. Z. 16 f., daneben Z. 11 f., weil hier die wichtigsten Rechte benannt werden.*
b) Weniger wichtig für deine Aufgabenstellung sind die Aussagen über die konkreten Missstände selbst, die UNICEF bekämpft. Solche Aussagen finden sich z. B. in Z. 18–20, 23 f., 29 f., 40–45, 58 f.

6 *Schlüsselbegriffe in den beiden Absätzen: Impfkampagnen, Gesundheitszentren, preiswerter Impfschutz*

7 *Randnotizen können identisch sein oder auch lauten: Information (Kampagne), finanzielle Unterstützung (Medikamente), organisatorische Anlaufstellen (Gesundheitszentren)*

8 *Die mündliche Zusammenfassung der beiden Abschnitte könnte etwa lauten:*
→ *UNICEF richtet Gesundheitszentren ein und stattet sie mit Personal und Material aus.*
→ *UNICEF setzt preiswerten Impfschutz ein, den es heute für die gefährlichsten Infektionskrankheiten gibt.*

9 *Die Textzusammenfassung für die anderen wichtigen Passagen könnte so aussehen:*
Z. 1–10:   vgl. Teil B, Aufgabe 2
Z. 11–17: U. kümmert sich in Entwicklungsländern und Krisengebieten um die Kinder: und zwar um Schulbildung, Gesundheitsversorgung, Ernährung und Schutz ihrer Rechte.
Z. 18–22: U. schafft die Voraussetzungen für Schulbildung mit Personal und Material.
Z. 34–39: Tausende Helfer schaffen Medikamente auch in abgelegene Dörfer.
Z. 40–57: U. sorgt für sauberes Trinkwasser und hygienische Toiletten. Dabei wird die örtliche Bevölkerung mit einbezogen, damit die Brunnen und Toiletten von ihr gewartet werden können.
Z. 58–61: U. geht mit Zusatznahrung gegen Mangelernährung vor.

S. 14
10 *Tipp zum Vorgehen: Achte auf Begriffe, die mehrfach vorkommen (z. B. der Begriff „Impfungen" in verschiedenen Komposita (= Wortzusammensetzungen). Wenn du diese Begriffe durch Umkreisen markierst, siehst du leicht, wo überall im Text noch etwas über das Impfen gesagt wird.*

11
1. Was ist UNICEF?	Hilfsorganisation der Vereinten Nationen für Kinder in Not	Z. 1 f.
2. Mitarbeit:	– Helfer aus der Bevölkerung vor Ort	Z. 6–7
	– Arbeitsgruppen in den entwickelten Ländern usw.	Z. 7–8
3. Tätigkeitsbereiche:		Z. 1–5
1. Bildung:	a) Ausstattung der Schulen	Z. 20
	b) Ausbildung der Lehrer	Z. 20
	c) Unterstützung der Schüler	Z. 21
2. Gesundheitsversorgung:	a) Organisation von Impfkampagnen	Z. 24; Z. 34–39
	b) Versorgung mit (preiswerten) Medikamenten	Z. 24; Z. 29–33
	c) Einrichtung von Gesundheitszentren	Z. 26
3. Ernährung:	a) Versorgung mit sauberem Trinkwasser	Z. 40–57
	b) Versorgung mit Grundnahrungsmitteln	Z. 58–61
4. Schutz:	insbesondere von Kindern und Jugendlichen vor Missbrauch und Gewalt	Z. 11–17

C Übungen

1 *B ist besser, weil dieser Anfang gleich zeigt, dass es in dem Text um eine allgemeine, grundsätzliche Darstellung von UNICEF geht, die der Aufgabenstellung entspricht (über UNICEF einen Hintergrundbericht für ein Portfolio zu schreiben, das sich insgesamt mit Hilfsorganisationen befasst). Auch der sachliche „Tonfall" ist angemessen.*
***A** ist dagegen nicht geeignet, da hier ein aktueller Anlass in den Vordergrund gestellt wird, an dem das Thema UNICEF aufgerollt wird. Auch die Sprache ist nicht angemessen (Umgangssprache).*

2 *Eindeutig falsch ist Lösung c.*

▷ S. 15 **3** a) *Für einen **Hintergrundbericht** eignen sich folgende Formulierungen: **eine weitere Aufgabe besteht darin – kümmert sich nicht nur …, sondern auch … – engagiert sich darüber hinaus – setzt sich ein für – Ziel muss es weiterhin sein, …***

b) *Eher in einen **Ereignisbericht** passen die Wendungen: **in letzter Sekunde passierte – in der Zwischenzeit wurde – setzte sich bis zur letzten Sekunde dafür ein – zum Schluss passierte es – wer zuletzt lacht, lacht am besten***

4 *Eine orientierende Passage ist der Satz: „Die wichtigsten werden im Folgenden genannt: …"*

▷ S. 15 ## D Den Schreibplan erstellen

1 *Vgl. die Tabelle in Teil B, Aufgabe 11; die Stichworte in den Zeilen stellen mögliche Zwischenüberschriften dar. An den Anfang gehören die grundsätzlichen Aussagen darüber, was UNICEF ist. Darauf folgen zwei weitere Teile, deren Reihenfolge du selbst bestimmen kannst: Aussagen über (mögliche) Mitarbeit und die Darstellung der verschiedenen Tätigkeiten der Organisation. Was diese Tätigkeiten angeht, so kannst du wiederum selbst die Reihenfolge bestimmen: Überlege, welche du selbst besonders wichtig findest; mit dieser kannst du anfangen.*

2 *Dein Hintergrundbericht könnte etwa folgendermaßen aussehen (hier sind nur die Anfänge der drei Teile ausgeführt; sie zu ergänzen und zu „füllen", wird kein Problem für dich sein):*
UNICEF ist das Kinderhilfswerk der …
Die Abkürzung steht für …
Es kümmert sich besonders um Kinder in … und sorgt dort für …
Die vier wichtigsten Aufgaben von UNICEF sind: …
Die Tätigkeiten sind im Einzelnen: …
Jeder kann bei UNICEF mitmachen, und zwar …
Auch vor Ort ist es UNICEF wichtig, dass viele Freiwillige mithelfen. Denn damit ist z. B. garantiert, dass …

3 *Zu streichen ist die Aussage c.*

Lösungsheft

S. 16 # Spielend Toleranz üben: Fördert Sport die Integration? – Einen Leserbrief schreiben

S. 17 ## A Die Aufgabe verstehen

1 *Die Aussagen a, c, d und f treffen zu.*

2 *c*

3 *Folgende Zuordnungen sind richtig: A + 4   B + 1   C + 2   D + 3.*

S. 18 ## B Erstes Textverständnis

1 *Pro-Argumente: Sport …*   *Zeile*
– *kann Menschen einander näherbringen, denn er ist unabhängig von Alter, Geschlecht, Herkunft.*   2–3
– *stärkt das Gemeinschaftsgefühl, schafft Verständnis für soziale Strukturen.*   9, 19–20
– *bietet Spaß an Bewegung und körperlicher Leistung.*   4
– *hilft, Kontakte zu knüpfen und Freundschaften zu schließen.*   5
– *ist ein gutes „Spielfeld", um Deutsch zu lernen, aber Sprache spielt eine untergeordnete Rolle.*   6, 27
– *bietet die Chance, gemeinsam Ziele zu erreichen, Teamgeist und Zusammenhalt zu erleben.*   7–9
– *erzieht zu sozialen Werten wie Fairness, Toleranz und Respekt als Basis für Integration.*   11–12, 14
– *ermöglicht es jedem Spieler, den Umgang mit Frustration und Erfolg zu erlernen.*   12–13
– *verbessert das Selbstbewusstsein und ist gerade für Schulschwache eine Quelle für Bestätigung.* 16–21
– *erreicht viele Menschen in Schule, Sportverein und Betriebssport.*   22–24
– *lebt von einheitlichen, festen Regeln, die weltweit akzeptiert sind, das erhöht die Akzeptanz.*   24–26

2 *Die Aussagen b, d und e treffen zu.*

3 *So könntest du begründen:*

> Kaan Karakaya stellt sich diese Frage, weil ausländische Fußballer von Schiedsrichtern oft strenger als deutsche Fußballer bestraft werden. Außerdem gilt auch für ihn, dass er sich leichter als Ausländer ausgegrenzt bzw. ungleich behandelt fühlt, weil er es so oft erlebt hat.

S. 19 ## C Übungen

1 *Hier sind mehrere Lösungen denkbar, je nachdem, wie du die Argumente gewichtest, z. B.:*

> 1. Sport ermöglicht Erfolg unabhängig von Sprache.
> 2. Sport stärkt das Gemeinschaftsgefühl.
> 3. Soziale Werte wie Fairness, Toleranz und Respekt werden vermittelt.

2 a) *1. Steigerungen: F, D, B   2. Reihungen: C, E   3. Gegensätze: A, G*
b) *Mögliche Lösung:*

> Wichtig ist zunächst die Beobachtung, dass Sport unabhängig von Sprache dem Einzelnen Erfolgserlebnisse ermöglicht. Noch entscheidender finde ich, dass der „Teamgeist" im Sport das Gemeinschaftsgefühl stärkt. Ausschlaggebend ist meiner Ansicht nach die Tatsache, dass durch Sport soziale Werte wie Fairness, Toleranz und Respekt vermittelt werden.

3 **Stefan:** *Sport hilft, Kontakte zu knüpfen und Freundschaften zu schließen.*
Fatma: *Im Sport kann auch erfolgreich sein, wer die deutsche Sprache (noch) nicht so gut beherrscht.*
Aziz: *Sport „schweißt zusammen", er stärkt das Gemeinschaftsgefühl.*

4 *1+e)   2+a)   5+b)   4+c)   3+d)*

5 a) *Folgende Argumente werden an den Beispielen erkennbar:*

A: *Sport verstärkt das Konkurrenzdenken und kann somit Aggressionen auslösen.*
B: *Durch Sport kann Ausgrenzung noch verstärkt und feindschaftliches Denken gefördert werden.*
C: *Ehrgeizige Spieler fühlen sich bei Misserfolgen schnell persönlich angegriffen oder ungerecht behandelt. Was im Alltag unvermeidbar ist (oft wegen sprachlicher Defizite), eskaliert dann auf dem Fußballfeld.*

b) Folgende Kontra-Argumente sind außerdem denkbar:

> - Wenn Sport ausschließlich getrieben wird, um fehlende Selbstbestätigung zu kompensieren, ist bei den unvermeidlichen Niederlagen die Enttäuschungsgefahr sehr groß.
> - Der Erfolgsdruck auf ausländische Spieler kann sehr hoch sein, da sie fürchten müssen, bei schlechter Leistung auch innerhalb der Mannschaft wieder zu Außenseitern zu werden.
> - Durch Misserfolge im sportlichen Bereich können Unzufriedenheit, Unfairness, Intoleranz und aggressives Verhalten gefördert werden, weil durch sie Minderwertigkeitsgefühle verstärkt werden.

6 *Eine grobe Gliederung aller möglichen Kontra-Argumente könnte wie folgt aussehen:*
Sport fördert die Integration von Ausländern nicht, weil ...
- *... vor allem Ausländer provoziert werden und sich auch provozieren lassen.*
- *... ausländische Spieler durch ihr Verhalten häufiger Spielabbrüche verschulden.*
- *... Sport das Konkurrenzdenken verstärkt.*
- *... der Erfolgsdruck und das Enttäuschungspotenzial sehr hoch sein können.*
- *... durch übersteigerten Ehrgeiz bei Niederlagen Aggressionen ausgelöst werden können.*
- *... Deutsche und Ausländer vor dem Sportgericht nicht gleich behandelt werden können.*
- *... das Gefühl der Benachteiligung im Sport bestätigt und verstärkt werden kann.*
- *... Sport die Ausgrenzung noch weiter verstärken und Feindschaften, auch innerhalb der Mannschaft, sogar fördern kann.*

▷ S. 21 D Den Schreibplan erstellen

1 *Hier gibt es keine Musterlösung. Entscheide nach deiner Erfahrung.*

2 *Folgende Punkte könnten verbessert werden:*
Beispiel A: *Schreibgrund ist nicht deutlich: Woher rührt das Interesse? Persönlicher Bezug zum Thema könnte z. B. durch Einbezug eigener Erfahrungen entstehen; der Stil ist sehr sachlich, das Leserinteresse wird so nicht geweckt; denkbar wäre z. B. ein aktueller Anlass aus dem Schulalltag und eine weniger formelle Sprache, die der Schülerzeitung angemessener ist.*
Beispiel B: *Das Thema ist nicht sachlich benannt und die Quellenangabe (Spiegel) fehlt ebenfalls.*

3 *Die folgende Gliederung passt zu einer Argumentation, die sich **dagegen** wendet, dass Sport Integration fördert:*
(1) starkes Argument: Ausländer werden von Deutschen beim Sport gezielt provoziert.
Beleg: *Nach Beobachtungen des Sportwissenschaftlers G. Pilz von der Universität Hannover werden junge Türken von deutschen Spielern und Zuschauern mit Begriffen wie „Kanaker-Sau" oder „Hurensohn" aufgestachelt.*
(2) stärkeres Argument: Deutsche und Ausländer werden vor dem Sportgericht nicht gleich behandelt.
Beleg: *Der Niedersächsische Fußballverband untersuchte zusammen mit der Universität Hannover 4000 Sporturteile in der Saison 1998/99 und kam zu dem Ergebnis, dass nicht deutsche Fußballer höher bestraft werden.*
(3) stärkstes Argument: Gerade weil Sport für viele Ausländer oft eine der wenigen Quellen für Erfolg und Bestätigung darstellt, sind sie besonders ehrgeizig und verstehen wenig Spaß. Da es zwangsläufig im Sport auch zu Niederlagen kommt, führen Minderwertigkeitsgefühle, schlechte Erfahrungen und Frustration zu eskalierender Gewalt und in der Folge zu verstärkter Ausgrenzung (→ Teufelskreis).
Beleg: *Bei einem C-Jugend-Spiel schlug ein 14-jähriger Deutschtürke den Schiedsrichter brutal zusammen, und dies ist kein Einzelfall.*

4 *Als Schluss – passend zur Gliederung der Kontra-Argumentation – wäre denkbar:*

> Zusammenfassend lässt sich feststellen, dass Sport allein als Maßnahme, um die Integration von Ausländern zu fördern, längst nicht ausreicht. Um ein friedliches Miteinander zu gewährleisten, müssen andere integrationsfördernde Maßnahmen ausgeschöpft werden.

5 *Mögliche Lösung für einen Leserbrief, der sich **dafür** ausspricht, dass Sport Integration fördert:*

Liebe Redaktion der Schülerzeitung,
neuerdings fällt bei uns an der Schule der Sportunterricht ständig aus. Es mag ja sein, dass Mathe, Deutsch und Englisch zunächst wichtiger erscheinen, aber bei dem hohen Ausländeranteil, den unsere Schule hat, sollten wir gerade dieses Fach nicht so leichtfertig von der Tagesordnung streichen. Warum? Weil Sport nicht nur Spaß macht und gesund ist, sondern die Integration von Ausländern fördert! Im Internet stieß ich kürzlich auf einen Artikel, der vom Bundesamt für Migration und Flüchtlinge im März 2006 veröffentlicht worden ist. Dieser Artikel hat mein Interesse an der Thematik geweckt und mich zum Schreiben dieses Leserbriefes veranlasst.
Folgende Argumente sprechen eindeutig dafür, dass Sport die Integration von Ausländern fördern, d. h. erheblich vereinfachen und beschleunigen kann: Ein wichtiges Argument ist in meinen Augen, dass Ausländer und Deutsche beim Fußball schneller Kontakte knüpfen und Freundschaften schließen, dies kann ich aus eigener Erfahrung bestätigen. Meinen besten Freund Mustafa habe ich vor zwei Jahren auf dem Spielfeld kennen und schätzen gelernt. Noch schwerer wiegt meines Erachtens das Argument, dass es im spielerischen

Miteinander leichter fällt, die deutsche Sprache zu erlernen. Wer einmal einen „Freistoß" oder „Elfmeter" geschossen (oder gehalten) hat, wird so schnell nicht vergessen, was das ist. Dass Sport darüber hinaus das Gemeinschaftsgefühl stärkt, halte ich für das entscheidende Argument. Nur in der Gemeinschaft lassen sich Erfolge erzielen, nur echter Teamgeist eröffnet die Chance auf den Sieg. So verdankt zum Beispiel der FC Bayern München seine dauerhaften Erfolge einer gut funktionierenden Spielergemeinschaft aus derzeit 13 ausländischen und elf deutschen Spielern – und einem Trainer, der sein Handwerk versteht.

Zusammenfassend lässt sich sagen, dass Sport mit Sicherheit die Integration von Ausländern fördert. Für ein friedliches Miteinander – auch und besonders hier in unserer Schule – sollten wir diese Möglichkeit in Zukunft noch viel stärker nutzen. Ein Sportfest, gerne auch mit Nachbarschulen, halte ich für einen guten Beginn.

Lösungsheft

▷ S.22 Wolfgang Bittner: Der Überfall – Einen Tagebucheintrag verfassen

▷ S.23 **A Die Aufgabe verstehen**

1 *Richtig sind die Antworten b, c, e und f.*

2 *c*

▷ S.24 **B Erstes Textverständnis – Ideen entwickeln**

1 *Die Tabelle könnte so aussehen:*

Handelnde Figuren	Ort	Zeitpunkt	Handlung	Zeilenangabe
Andy, Beppo, Dennis	Klassenraum, Pausenhof	Vormittag: Schulstunde/Pause	Dennis wird als neuer Mitschüler vorgestellt und lernt Andy kennen.	Z. 1–20
Boxer, Stulle, Andy, Dennis	Schulhof	Vormittag: Pause	Boxer und Stulle suchen Ärger, Andy vertreibt sie fürs Erste.	Z. 21–39
Dennis, Boxer, Stulle; Andy, Yezida, Beppo	Nachhauseweg	(nach)mittags („nach der letzten Stunde", Z. 40)	Boxer und Stulle überfallen Dennis, verprügeln ihn und wollen ihm Jacke und Schuhe stehlen; Andy und Beppo greifen ein und vertreiben sie.	Z. 40–49 Z. 50–78

2 *Die Geschichte „Der Überfall" von Wolfgang Bittner handelt von einem Jungen, Dennis, der* die Schule gewechselt hat und an seinem ersten Tag an der neuen Schule auf dem Nachhauseweg von zwei Jugendlichen überfallen wird. Andy und Beppo, zwei Jungen aus seiner neuen Klasse, kommen ihm zu Hilfe und vertreiben die Angreifer.

▷ S.24 **C Übungen**

1 *Mögliche Handlungsschritte:*
1. Z. 1–4: Dennis kommt neu in Andys Klasse → 2. Z. 6–13: Andy und Dennis lernen sich kennen → 3. Z. 14–19: …
1. Z. 14–19: Vorgeschichte von Dennis in seiner alten Schule → 2. Z. 1–13: Andy und Dennis lernen sich kennen → 3. Z. 21–29: Boxer und Stulle suchen Streit und bedrohen Dennis → 4. Z. 30–39: Andy vertreibt Boxer und Stulle → 5. Z. 40–49: Boxer und Stulle überfallen Dennis auf dem Heimweg → 6. Z. 50–60: Andy kommt Dennis zu Hilfe → 7. Z. 61–70: Beppo und Yezida mischen sich ein, Ende des Kampfes, Boxer und Stulle verschwinden → 8. Z. 71–78: Andy und Dennis sind erleichtert

2 a) **Aussehen:** (zusätzlich zu den vorhandenen Markierungen) „schöne Wildlederjacke" (Z. 9), Brille (Z. 71)
Vorgeschichte: „… musste die Schule wechseln" (Z. 14); „mächtig Ärger mit einem Pauker gehabt" (Z. 15); „, … hatte einen hübschen, roten Fiesta – musste neu lackiert werden. […] ,Sie haben dich geschnappt?' Der Neue nickte …" (Z. 16–20)
Verhalten: „Dennis zog noch einen Schokoriegel aus der Tasche. ,Willst du?'" (Z. 19–20); „Der Neue blickte die beiden unsicher an …" (Z. 29); „Er hielt die Arme schützend über den Kopf. Verzweifelt schlug ihr Opfer um sich …; Dennis strampelte mit den Beinen und schrie: ,Was wollt ihr von mir? Lasst mich los, ihr Schweine!'" […] Er hörte schließlich auf, sich zu wehren" (Z. 43–49); „… schien allmählich wieder zu sich zu finden. Als Beppo ihm seine Turnschuhe reichte, begann er sie im Zeitlupentempo anzuziehen. Dabei drehte er sich etwas zur Seite, damit Beppo nicht sah, dass er geheult hatte. ,Danke', schnaufte Dennis, …" (Z. 72–78)
b) 1: mutig 2: zurückhaltend 3: cool 4: großzügig 5: panisch 6: machtlos 7: beschämt 8: erleichtert
c) *Dennis sucht Anschluss; als er seine Vorgeschichte erzählt, ist er zunächst vorsichtig, wirkt aber zunehmend cooler. Das Auftreten von Boxer und Stulle verunsichert ihn, weil er die Situation nicht einordnen kann. Bei dem Überfall hat er keine Chance gegen die Übermacht. Für das Eingreifen der Kameraden ist er dankbar und zeigt dies auch.*

3 A: *Ich fragte mich, was das für blöde Typen waren! Erst habe ich gar nicht kapiert,* was die von mir wollen. Ich fand sie ganz schön unverschämt!
B: *Dass Andy so schnell geschaltet hat, fand ich* bewundernswert. Er kannte die beiden wohl schon …
C: *Ich* bekam richtig Panik, weil die beiden Schufte immer weiter auf mich einschlugen. So hilflos habe ich mich noch nie gefühlt – nie wieder!

4 3 Nett, dass er fragt – aber soll ich ihm jetzt die Wahrheit sagen?   Oh je, das kann jetzt peinlich werden!
  4 Puh, Glück gehabt! Ganz geheuer waren mir die beiden nicht.   Ich war erleichtert, als sie abzogen.
  5 Verdammt, die schlagen mich tot, ich muss mich wehren!   Ich fühlte, wie Panik in mir aufstieg.
  6 Endlich – Hilfe! Lang hätte ich das nicht mehr ausgehalten …   Gott sei Dank! Mann, bin ich froh!
  7 Die sind wir los – fürs Erste jedenfalls! Was für miese Schufte!   Fertig war ich – und heilfroh zugleich.
  8 Zeit gewinnen, bloß nicht mit den verheulten Augen hochgucken.   Mann, war ich dankbar – und erschöpft.

5 Mögliche Lösung: a) 6,7,8   b) 1, 3   c) 5   d) 1, 8   e) 5   f) 8   g) 7, 8   h) 7, 8

6 a) Lösung b ist richtig.
  b) Eine passende Antwort wäre Lösung b, da auch Andy Dennis gegenüber unsicher und reserviert auftritt.

7 Folgende Stellen sind falsch bzw. nicht am Text zu belegen: … ~~habe ich mich im Unterricht ziemlich gelangweilt~~. … Nach der ~~sechsten~~ Stunde … Die beiden Jungen … ~~sind hinter einem Gebüsch hervorgekommen~~ … ~~Ich kann nämlich Karate~~.

8 So würde Dennis vermutlich eher schreiben:

> Nach der Pause ist nichts Aufregendes mehr passiert, ein normaler Schultag halt. Nach Schulschluss radelte ich heimwärts, aber weit kam ich nicht. Die zwei Typen vom Schulhof haben mir aufgelauert und mich vom Rad geholt. So brutal bin ich noch nie verkloppt worden, mir tut jetzt noch alles weh! Auf meine Lederjacke und die Markenschuhe hatten sie es abgesehen. Zwei gegen einen – Feiglinge! Erst habe ich sie angeschrien und geboxt – keine Chance. Die haben nicht locker gelassen. Das hätte übel ausgehen können, ich hatte echt Angst. Zuerst wollte ich noch zeigen, was Sache ist, aber die waren einfach stärker. Zum Glück kam dann Andy. Mann, ich war echt froh, dass er mir geholfen hat!

9 a) „Andy hat Kopf und Kragen riskiert. Scheint ein feiner Kerl zu sein – hoffentlich können wir Freunde werden."/
     „Ich bin echt ein Pechvogel, erst die Sache an der alten Schule, jetzt das … Ob Andy trotzdem mein Freund wird?"
  b) „Fing ja ganz gut an, bis die zwei Typen aufgetaucht sind. Was für Idioten, ob die immer so drauf sind?"
  c) „Hinterhältiges Pack! Nur zu zweit sind sie stark – ich hoffe, das hat gesessen und sie lassen uns in Ruhe."

S. 27 **D Den Schreibplan erstellen**

1 Der Anfang A ist überzeugender, da er sofort Bezug auf den Überfall nimmt (blaue Flecken, Schmerzen usw.) und Dennis vermutlich erst einmal seine Gedanken sortieren muss.

2 a) Die Ereignisse wird er vermutlich der Reihenfolge nach schildern (B → A → C), D kann an verschiedenen Stellen eingebaut werden (am Anfang, zwischen B und A oder ganz am Ende).
  b) zu B: Was die anderen wohl von mir halten? Ob ich hier Freunde finde? So aufgeregt war ich lange nicht …
     zu D: Was Andy wohl über mich gedacht hat? Er schien überrascht. Ganz wohl war mir nicht in meiner Haut.
     zu A: Andy scheint echt nett zu sein! Aber warum sich diese zwei Idioten so aufgespielt haben – keine Ahnung!
     zu C: Die hätten mich total fertig gemacht, ich war denen echt ausgeliefert. Ich kann es immer noch nicht fassen!

3 a) Der Schluss B passt nicht zu Dennis' Tagebucheintrag.
  b) Es tut gut, zu wissen, dass ich mich auf Andy und Beppo verlassen kann. Der Tag hätte schlimmer ausgehen können.

4 So könnte dein Tagebucheintrag aussehen:

> Liebes Tagebuch,
> was für ein Tag! Hoffentlich erlebe ich so etwas so schnell nicht wieder: Ich komme mir vor, als sei ich fast zu Tode geprügelt worden und wieder neu geboren. Aber der Reihe nach …
> Heute war mein erster Tag in der neuen Schule. Ätzend, wenn man so vorgestellt wird. Und natürlich haben einige mal wieder über meinen Namen gelacht. Dann wurde ich neben einen Jungen namens Andreas gesetzt. Er ignorierte mich komplett, bis ich ihn angesprochen habe. Zu Beginn der großen Pause war er dann eigentlich ganz nett und sagte, ich könne ihn Andy nennen. Das war cool! Ich ging ihm hinterher bis zum Zaun auf dem Schulhof, zuerst sah es so aus, als fände er das nicht so toll. Aber dann fragte er mich doch, ob wir umgezogen seien. Ich erzählte ihm die Geschichte, warum ich die Schule wechseln musste, die Sache mit dem zerkratzten Auto meines Lehrers und so. Ich glaube, er war ein bisschen beeindruckt. Ich habe ihm dann einen Schokoriegel angeboten, den er auch angenommen hat. Kein schlechter Start, oder?
> Leider ging es nicht so weiter, denn plötzlich erschienen ein paar Halbstarke auf dem Schulhof, die mich blöd angemacht haben. Erst wusste ich gar nicht, was die von mir wollen! Im Nachhinein denke ich, sie suchten einfach Streit – der Schokoriegel war nur ein Vorwand. Idioten! Die waren ganz schön unverschämt. Andy hat ziemlich cool reagiert – er muss geahnt haben, dass sie in der Situation nicht gleich zuschlagen. Ob er die beiden schon kennt?
> Nach der Pause ist nicht mehr viel passiert in der Schule und ich bin nach Hause geradelt. Sonderlich weit kam ich nicht: Die zwei Gangster aus der Pause haben mir nämlich aufgelauert und holten mich kurzerhand vom Rad. Ich wusste gar nicht, wie mir geschah! Sie fingen an, nach mir zu treten und zu boxen und an meiner Jacke zu zerren. Als sie immer weiter auf mich eindroschen, bekam ich irgendwann Panik. Mann, das tat echt weh! Ich schrie noch rum, sie sollten mich loslassen, aber ich hatte keine Chance. Einer zog mir sogar meine Schuhe aus! Ich gab auf – ich konnte nicht mehr … und ich wollte den Tag wenigstens überleben. Auf einmal hörte

ich aber einen Schrei: „Ihr spinnt wohl, ihr Banditen, haut bloß ab!", und merkte, wie sie losließen. Gott sei Dank, da kam Hilfe! Es war Andy, aber viel mitbekommen habe ich nicht mehr. Irgendwann sah ich Andy selbst im Schwitzkasten und dachte, jetzt ist alles aus, jetzt sind wir beide dran. Dann hörte ich noch mehr Geschrei: Ein Mädchen und Beppo kamen uns zu Hilfe! Mir fiel ein Stein vom Herzen, jetzt waren wir in der Überzahl und die Schufte sind ziemlich fix auf ihren Rädern verschwunden! Feiges Pack. Ich kämpfte mit den Tränen aus Dankbarkeit – und weil mir alles wehtat. Aus Verlegenheit suchte ich umständlich nach meiner Brille und ließ mir ziemlich viel Zeit beim Anziehen der Turnschuhe. Ich hoffe, niemand hat bemerkt, dass ich geheult habe. Aber Andy ging es auch nicht viel besser, glaube ich. Ich war echt dankbar – und das habe ich den Jungs auch gesagt, das hätte auch mein letzter Tag sein können. Ob die beiden Gangster uns jetzt in Ruhe lassen? Geheuer sind mir die beiden nicht. Ich fände es toll, wenn Andy, Beppo und ich dicke Freunde werden, denn mit solchen Freunden kann einem nicht viel passieren! Gute Nacht, liebes Tagebuch, dein Dennis – mit ein paar blauen Flecken mehr als gestern, aber guter Dinge!

▷ S. 27 **E Den Text überarbeiten**

1 a) *6. August*
Heute war ein schwarzer Tag, mein erster Tag in der neuen Schule. Ich war ganz schön aufgeregt. Ich wurde neben Andy gesetzt, der mich nicht weiter beachtete. In der Pause nahm ich dann meinen ganzen Mut zusammen und sprach ihn einfach an. Ich fand Andy ganz nett und wir unterhielten uns ein bisschen. Was er wohl dachte? Wenn ich das bloß wüsste! Während wir so am Zaun standen, kamen zwei echte Schränke auf uns zu. Sie suchten Streit. Was für Idioten! Zum Glück ließen sie sich von Andy verjagen. Er kannte sie offenbar schon. Echt ein cooler Typ, dieser Andy! Nach der Schule ging es heimwärts. Kaum saß ich auf dem Fahrrad, tauchten plötzlich diese zwei Gestalten aus der Pause auf und holten mich vom Rad. Ich schaffte es aber, aufzustehen, und trat ihnen erst mal so richtig vors Knie. Aber sie waren einfach in der Übermacht. Das habe ich noch nie erlebt – ich fühlte mich völlig ausgeliefert! Sie nahmen mir meine Jacke und meine Schuhe weg und prügelten so auf mich ein, dass mir Hören und Sehen verging. In letzter Minute kam mir Andy zu Hilfe, und die beiden ließen erst mal von mir ab …

S. 28 Banana Yoshimoto: Tsugumi – Einen Dialog fortsetzen

S. 30 A Die Aufgabe verstehen

1 *Folgende Aussagen treffen zu: c, d, f und g.*

S. 30 B Erstes Textverständnis – Ideen entwickeln

1 *Richtig sind die Aussagen b und f.*

2 *Folgende Begriffe sind richtig (in dieser Reihenfolge):* Ich-Perspektive; Maria; Maria; Tsugumi

3 a) *Mögliche Gründe für Tsugumis Verhalten könnten sein:* sie will Aufmerksamkeit; sie macht gern (üble) Scherze; sie hat sich gelangweilt / nicht nachgedacht; sie wollte an die Kindheit anknüpfen und Maria wieder näher sein.
b) *Z. 29–30: Zunächst ist Maria genervt über den „Aufstand"; Z. 30–34: Maria ist hellwach, sozusagen „alarmiert", als sie die Schrift erkennt; Z. 34–36: Maria wird „ganz warm ums Herz"; Z. 36: Maria fragt dann „eindringlich" nach; Z. 52: zuletzt herrscht „unsichere Stille". Kurz: Maria schreckt auf, weil sie angeblich Nachricht von einem Toten bekommt; sie freut sich dann sehr, weil sie an ihren geliebten Großvater denkt. Sie ist aber auch ein wenig skeptisch, fragt genauer nach, und am Ende bleibt eine Unsicherheit (wie es weitergeht, was davon zu halten ist usw.).*

S. 31 C Übungen

1 *Maria und Tsugumi sind sehr vertraut miteinander, weil sie* schon als Kinder befreundet waren.
Maria ist besorgt um Tsugumi und möchte nicht, dass sie sich erkältet.
Maria glaubt Tsugumi die Geschichte mit dem Brief, obwohl sie hier und da ihre Zweifel hat.

2 a) *Entsprechende Textstellen sind Z. 7–14; Z. 31–36; Z. 49–50; Z. 62–65*
b) *Maria hat ihren Großvater sehr geliebt. Bis zum Alter von fünf Jahren lebte sie bei ihm und hatte auch später noch ein sehr enges Verhältnis zu ihm. Daher trauert sie sehr über seinen Tod.*

3 *Für mich klingt Annahme A am unwahrscheinlichsten, weil* Tsugumi Maria sehr gut kennt und wissen müsste, wie sehr sie an ihrem Großvater gehangen hat. *(Auch Antwort C ist wenig wahrscheinlich, da Tsugumi sich sehr viel Mühe gegeben hat, die Fälschung anzufertigen.)*

4 *Folgende Ideen sind denkbar: Ich habe den Brief geschrieben, weil* ich gemerkt habe, wie schlecht es dir ging; ... du mich nicht einmal mehr sprechen wolltest; ... ich selbst schon lange sehr krank bin. Wenn dann nur noch vom Tod die Rede ist, halte ich das einfach nicht aus; ... ich nicht mit ansehen konnte, dass du immerzu weinst.

5 *Die Lösung könnte z. B. lauten:*

> Ich habe den Brief auch deshalb geschrieben, weil ich selbst so krank bin – das Thema Tod beschäftigt mich auch. Als ich dann gesehen habe, wie sehr du unter dem Tod deines Großvaters leidest, dachte ich, der Brief würde dich aufheitern. Es hängt von uns ab, wie wir über den Tod denken. Vielleicht habe ich auch nur eine Möglichkeit gesucht, um mit dir darüber zu sprechen.

6 *Alle Antworten sind möglich, hier geht es darum, dass du auf Grundlage des Textes argumentierst (z. B.: Gelingt es Tsugumi, Maria zu besänftigen bzw. zu überzeugen? Wie belastbar schätzt du die Freundschaft der beiden ein? usw.).*

7 a) *Eine sinnvolle Reihenfolge ist B → C → A.*
b) *4. Maria zeigt Verständnis für Tsugumis Beweggründe. → 5. Tsugumi ist erleichtert. → 6. Maria macht Tsugumi klar, dass Fälschung und Diebstahl einen Vertrauensbruch bedeuten und sie Zeit braucht, den Betrug zu vergessen.*

8 *b*

9 a) *Die Verben* schreien, brüllen, schluchzen, kreischen, stottern, stammeln, zischen, poltern *und* stöhnen *bringen Gefühle direkt zum Ausdruck, je nach Zusammenhang auch die Verben flüstern und murmeln.*
b) *(2) „... ich dich verletze",* murmelte Tsugumi eingeschüchtert. *(3) „... nicht verlassen",* entgegnete Maria vorwurfsvoll/polterte Maria verärgert. *(4) „... wiedergutmachen?",* fragte Tsugumi verzweifelt. *(5) „... von dir wissen",* zischte Maria abweisend; *(6) „... keine Chance mehr?",* stammelte Tsugumi zerknirscht.
c) *Folgende Sätze könnte man z. B. umstellen: „Ich habe nicht bedacht", flüsterte Tsugumi eingeschüchtert, „dass ich dich verletze." „Auf deine Freundschaft", entgegnete Maria vorwurfsvoll, „kann man sich nicht verlassen." Maria zischte abweisend: „Ich will nichts mehr von dir wissen."*

▷ S. 33 **D Einen Schreibplan entwickeln**

1 *Grundsätzlich sind alle Antworten möglich – dein Beginn sollte zu deinen bisherigen Vorentscheidungen passen.*

2

Überleitung/Einstieg	*Tsugumi grinste: „Das war doch ein gelungener Scherz, oder? Du bist doch nicht etwa wütend?"*
Gesprächsverlauf	*1. Maria ist wütend und macht Tsugumi Vorwürfe.*
	2. Tsugumi erklärt, warum sie den Brief gefälscht hat.
	3. Maria drückt ihre Enttäuschung über den Vertrauensbruch aus.
	4. Tsugumi entschuldigt sich.
	5. Maria erklärt, dass es ihr schwerfällt, den Vorfall zu vergessen.
	6. Maria begründet, warum sie so betroffen war. Sie führt verschiedene Gründe an.
	7. Tsugumi reagiert verzweifelt, fragt, was sie noch tun kann, um die Freundschaft zu retten.
	8. Maria bohrt noch einmal nach und fragt noch einmal genau, was Tsugumi erreichen wollte.
Schluss	*Tsugumi erklärt ihr Verhalten. Erst jetzt spricht sie von ihrer Angst vor dem Tod, bittet Maria um Verzeihung und beide versöhnen sich.*
Begründung	*Ich habe mich für diesen Schluss entschieden, weil ich wollte, dass sich Tsugumi und Maria versöhnen. Maria ist zwar sehr verletzt worden, aber Tsugumi wollte sie ja eigentlich nur aus ihrer Trauer reißen. Maria kennt Tsugumi und weiß, dass diese immer übertreibt. So kann sie ihr allmählich auch verzeihen, dass sie den Brief des Großvaters so perfekt gefälscht hat.*

3 *Hier gibt es keine Musterlösung; ein angemessener Dialog ergibt sich aus der Tabelle zum Gesprächsverlauf (s. o.).*

▷ S. 33 **E Den Text überarbeiten**

1 *Tsugumi grinste breit und sagte: „Schön, dass du da bist! Was so ein Brief aus dem Jenseits nicht alles bewirken kann!" „Sag mal, spinnst du?", brüllte Maria wütend. „Was hast du dir eigentlich dabei gedacht?" „Ich wollte dich bloß ein bisschen aufheitern", stöhnte Tsugumi verärgert, „das kann ja nicht so schlimm sein." „Aufheitern?", Maria schnappte nach Luft. „Aber du weißt doch ganz genau, wie sehr ich an meinem Großvater hing!" Tsugumi stöhnte: „Mach jetzt bloß keine Szene, ich glühe vor Fieber!" Maria ließ sich nicht beirren: „Tsugumi, was sollte die ganze Schauspielerei? Ich habe mir wirklich Sorgen um dich gemacht – und dann entdecke ich das hier!", fügte sie enttäuscht hinzu.*

„Das Buch fand ich echt cool" – Eine Buchempfehlung überarbeiten

A Die Aufgabe verstehen

1 *Folgende Aussagen treffen zu: a, b und g.*

B Erstes Textverständnis – Stoff sammeln

1 *Die richtige Reihenfolge lautet: b, c, a und d.*

2 *Einleitung: a, g, j, k, l   Hauptteil: c, e, d (wenn relevant: b, f, h, i)   Überflüssig: b, f, h, i*

3 a) *Es müssen das Thema und das Erscheinungsjahr ergänzt werden.*
b) *Mein Lesetipp heißt „Evil – Das Böse", wurde von Jan Guillou geschrieben* und erschien 2007 in deutscher Übersetzung. Der Roman handelt vom Umgang Jugendlicher mit Gewalt. *Der schwedische Autor …*

4 a) (1) A   (2) Sb   (3) R   (4) Sb   (5) R   (6) A   (7) A   (8) R   (9) Sb
b) *Die Zweige an den Ästen könnten folgendermaßen beschriftet werden:*

Satzbau   – (2) Konjunktionen beachten (**weil** und **da** leiten kausale Nebensätze ein)
                   – (9) Im Nebensatz gilt: (Anfang) Konjunktion ··· Prädikat (Satzende).
                   – (4) Im Hauptsatz gilt: Das Prädikat steht nicht am Ende!

Ausdruck   – (1) Wortwiederholungen vermeiden, abwechslungsreich formulieren.
                   – (6) Jugendsprache vermeiden (d. h. ersetzen).
                   – (7) Umgangssprache vermeiden (durch Standardsprache ersetzen).

Rechtschreibung – (3) Nach kurzem Vokal steht „ss" (z. B. verbissen).
                   – (5) Nach langem Vokal oder Diphthong steht (au, ei, eu usw.) „ß".
                   – (8) **Wieder** bedeutet **noch einmal**, **wider** bedeutet **gegen, entgegen**.

Die Regeln 2, 4 und 9 gehören alle zum Kausalsatz. Auch die Regeln 3 und 5 zu „ss" und „ß" bilden eine Regel.

C Übungen

1 *Satz **B** ist richtig, weil das Prädikat am Ende des Nebensatzes steht (Regel 9). In Satz A steht das Verb an 2. Stelle (wie im Hauptsatz), die Konjunktion „weil" leitet aber einen kausalen Nebensatz ein (Regel 4).*

2 a) + b) *Z. 11–12: „Er muss sich … Erniedrigungen gefallen lassen, weil das gehört (U) zu den Ritualen für Neulinge.";*
       Z. 19-20: „… geschenkt, weil wir haben (U) einen knallharten Film über das Thema gesehen, …";
       Z. 21: „Das Buch fand ich echt cool, weil niemand kann (U) nur ‚gut' sein."
c) *In allen drei Fällen gilt: Sb, vgl. Regel Nr. 9.*

3

Ein Beispiel für einen Satzbaufehler ist:	Verstoßen wird gegen Regel Nr.: 9.
„Mein Bruder hat mir den Roman … geschenkt, weil wir haben (U) einen … Film über das Thema gesehen, …"	*Besser im Sinne der Regel 9 wäre, das Verb ans Ende des Nebensatzes zu stellen: „…, weil wir einen Film … gesehen haben, …"*

4 a) *Zunächst findet er es dort ganz cool, denn sein Zimmernachbar und ein Sportlehrer erweisen sich gleich als gute Kumpels.*
b) *Zunächst **gefällt es ihm dort gut**, denn … erweisen sich gleich als gute **Kameraden**.*

5 a)+b) *Z. 8: „fliegt er von der Schule" (A, vgl. Regel Nr. 7); Z. 20: „knallhart" (A, vgl. Regel Nr. 7);*
           Z. 20: „total geil" (A, vgl. Regel Nr. 6); Z. 22: „echt cool" (A, vgl. Regel Nr. 7)

6 a) *1. Umgangssprache: wird er von der Schule verwiesen; 2. Umgangssprache: großartig, faszinierend, mitreißend; 3. Jugendsprache: eindrucksvoll, mitreißend, spannend; 4. Umgangssprache: spannend, realistisch, dramatisch*
b) *Zum Beispiel: Da es sich um einen umgangssprachlichen Ausdruck handelt, habe ich den Satz folgendermaßen verbessert: Das Buch fand ich sehr spannend, weil niemand nur „gut" sein kann.*

7 *In Regel Nr. **8** geht es um das Wort wi**e**der (= noch einmal) und das Wort w**i**der = gegen, entgegen).*
*In den Regeln Nr. **3** und Nr. **5** geht es um s- Laute: Nach kurzem Vokal steht „ss", nach langem Vokal oder Diphthong „ß".*

8 *Richtig sind folgende Schreibweisen: a) Wi**d**erstand, b) Wi**d**erwillig, c) Mi**ss**mutig/aß, d) Flei**ß***

Rechtschreibfehler	Regel (in Kurzfassung)	Verbesserung
Z. 7: mishandelt (R, vgl. Regel Nr. 3)	– nach kurzem Vokal steht „ss"	misshandelt
Z. 13: wiedersetzen (R, vgl. Regel Nr. 8)	– wider bedeutet hier gegen/entgegen	widersetzen
Z. 14: schliesslich (R, vgl. Regel Nr. 5)	– nach Diphthong schreibt man „ß"	schließlich
Z. 15: Wiederstand (R, vgl. Regel Nr. 8)	– wider bedeutet hier gegen/entgegen	Widerstand
Z. 24: wiederstehen (R, vgl. Regel Nr. 8)	– wider bedeutet hier gegen/entgegen	widerstehen

11 *Beispiel A:* In Zeile 7 steht das Wort „mishandelt", das im Sinne von Regel Nr. 3 mit „ss" geschrieben werden müsste, denn das „i" ist ein kurzer Vokal, korrekt wäre also: … **misshandelt**.
Beispiel B: In Zeile 15 taucht im Ausdruck „Wiederstand" ein weiterer Rechtschreibfehler auf. Regel Nr. 8 besagt, dass „wider" in der Bedeutung von „gegen" nur mit „i" geschrieben wird. Es müsste also heißen: Erik … entscheidet sich für passiven **Widerstand**.

▷ S. 39 **D Den Schreibplan erstellen**

1 *Vergleiche deine Lösung mit den Ergebnissen aus Teil C (Sb: Aufgabe 2, A: Aufgabe 6 und R: Aufgabe 10)*

2 *So könnte der letzte Abschnitt in der überarbeiteten Fassung lauten:*
Das Buch fand ich ungeheuer spannend, weil niemand nur „gut" sein kann. „Das Böse" steckt in jedem. Bei aller Brutalität wird deutlich, … wie viel Mut man braucht, um der Gewalt zu widerstehen.

3 *Verbessert habe ich den Ausdruckfehler „das Buch fand ich echt cool" in Zeile 22, da es sich hierbei um eine umgangssprachliche Formulierung handelt, die gegen Regel Nr. 7 verstößt. Durch Umstellen des Verbs habe ich den Satzbaufehler in derselben Zeile korrigiert („…, weil niemand kann nur „gut" sein."). Hier wurde gegen Regel Nr. 9 verstoßen, denn die Konjunktion „weil" leitet einen kausalen Nebensatz ein, in dem das Prädikat am Ende stehen muss. Schließlich habe ich noch einen Rechtschreibfehler in Zeile 24 gefunden. Das letzte Wort im Text muss laut Regel Nr. 8 „widerstehen" heißen, da „wider" hier in der Bedeutung von gegen/entgegen verwendet wird.*

▷ S. 39 **E Den Text überarbeiten**

1 *So könnte deine Überarbeitung der Begründung aussehen:*

> Im Kausalsatz steht das Adjektiv „knallhart", das ich durch das Wort „mitreißend" ersetzt habe, weil es in der Umgangssprache verwendet wird. Der anschließende Relativsatz enthält den Ausdruck „total geil". Diese Formulierung habe ich durch „sehr spannend" ersetzt, weil es sich bei diesem Begriff um Jugendsprache handelt.

> S. 40 # Christian Buß: Wenn der Mullah-Wecker rappelt ...
– Einen medialen Text analysieren

> S. 41 ## A Die Aufgabe verstehen

1 a) *Untersuche* den Artikel …
  1. *Lies* den Text und *fasse* seinen *Inhalt* kurz *zusammen*.
  2. *Benenne* die *Position des Autors* und *stelle dar*, mit welchen *sprachlichen Mitteln* er im Text arbeitet.
  3. *Nimm* kurz *Stellung* dazu, wie der Autor die Serie beurteilt.
 b) Die Aussagen b, d, e und g treffen zu.

> S. 42 ## B Erstes Textverständnis

1 a) Neben **Sitcom** und **Plot** (vgl. Fußnoten) stammen folgende Fachbegriffe aus dem Bereich Film und Fernsehen: **ARD-Vorabendserie**: Serie, die am frühen Abend vom Ersten Deutschen Fernsehen (öffentlich-rechtlicher Sender) gezeigt wird; **Situationskomödie** (engl. sitcom): im Studio aufgezeichnete Fernsehsendung, die durch komische Begebenheiten unterhält; **Seifenoper** (engl. soap opera): regelmäßig ausgestrahlte Sendung mit wiedererkennbarer, oft klischeehafter Handlung; **Zuschauerquote**: prozentueller Anteil der Zuschauer, die eine Sendung sehen; **Sendeplatz**: Ausstrahlungszeitpunkt der Sendung; **Produktion**: Herstellungsprozess eines Films im Kino / einer Sendung im TV; **Staffel**: zusammenhängender Block von Episoden, die an einem Stück gedreht und gesendet werden (Drehpause); **Regisseur**: Leiter einer Produktion; **Hauptdarstellerin**: Schauspielerin mit der wichtigsten weiblichen Rolle; **Chefautor**: entwickelt das Drehbuch; er koordiniert dessen Umsetzung während der Produktion.
 b) Zum Beispiel: **Migranten**: Aus- oder Einwanderer; **Klischee**: eingefahrene Vorstellung; **Multikulti**: Abkürzung für multikulturell, viele Kulturen umfassend; **liberal**: freiheitlich gesinnt, vorurteilsfrei, aufgeschlossen für alles.

2 Der Vorspann kündigt an, dass in der TV-Serie „Türkisch für Anfänger" deutschtürkisches Familienleben, trotz der heiklen Thematik, erstmals als lustige Unterhaltungssendung im deutschen Fernsehen dargestellt wird.

3 Hier sind mehrere Lösungen denkbar. Einige Ideen: Wer spielt in der Serie? Worum geht es? An welche Zielgruppe richtet sich die Serie? Wie viele Folgen sind geplant? Wann und von welchem Sender wird die Serie gezeigt? usw.

4 a) Mögliche Schlüsselbegriffe: (1) Töchter in der Pubertät, freizügige Mütter, liberaler Vater; (2) deutsche und türkische Patchworkfamilie, Vorabendserie, Multikulti ohne moralischen Zeigefinger; (3) Rezept einfach, einen schwierigen Auftrag erfüllen, türkische Lebenswelt findet im deutschen TV-Alltag bislang nicht statt; (4) Chefautor Bora Dagtekin, Erfolg abhängig von Zuschauern und Verantwortlichen, zentraler Sendeplatz; (5) Serie wird am Erfolg von „Berlin, Berlin" gemessen, bewährte Regisseure und Hauptdarsteller; (6) der Serie Zeit lassen, um sich zu entwickeln, Figuren ins Herz schließen, humorvolle Pointen, … politisch korrekt; (7) überfrachteter Plot, fröhlich-respektloser Umgang mit den Religionen, schwer wiegende Konflikte fallen unter den Tisch; (8) Pointendichte, einfach nett, drolliges Gefecht der Generationen.

 b) 3. Machart, Besonderheit und Ziel der Sitcom 4. Ein junger Autor und ein ehrgeiziges Projekt
     2. Hauptfiguren und Thema der Serie 7. Negative Kritikpunkte an der Serie
     6. Gelungene Aspekte der Sitcom 8. Folgerung, Zusammenfassung und Empfehlung
     1. Serienalltag: Eltern können wirklich nerven 5. Bewährte Regisseure und Darsteller für den Erfolg

5 Richtig sind die Lösungen b, c, e und g.

6 Möglich wäre zum Beispiel: Der Text möchte Leser für die Fernsehserie interessieren und spricht sich dafür aus, der Serie Zeit für die Entwicklung zu geben. Die neue Serie scheint trotz kleiner Mängel sehr unterhaltsam zu sein.

> S. 43 ## C Übungen

1 Der Vorspann soll zum Weiterlesen anregen, das Thema kurz vorstellen und auf die Sendung neugierig machen.

2 b

Lösungsheft

3

Abschnitt	Inhalt / wesentliche Aussagen
(1) Z. 6–13	Eingangs wird eine Szene der Serie dargestellt, die in anderen Familien auch zum Alltag gehören könnte.
(2) Z. 14–22	Hier werden die Familienmitglieder vorgestellt. Der Umgang mit Klischees in der Serie wird beschrieben.
(3) Z. 23–30	Ziel ist, eine insofern zeitgemäße Sendung zu schaffen, als dass es darin um eine deutschtürkische Familie geht.
(4) Z. 31–38	Der Chefautor ist zuversichtlich, dass die Serie dank ihres guten Sendeplatzes erfolgreicher wird als manche Vorgängerserie.
(5) Z. 39–47	Man will an die erfolgreiche Serie „Berlin, Berlin" anknüpfen (Regisseure, Hauptdarstellerin übernommen).
(6) Z. 48–56	Die Serie braucht Zeit: Gelobt werden die überzeugenden Figuren und die Ausgewogenheit der Pointen.
(7) Z. 57–62	Kritisiert wird, dass die Handlung teilweise überfrachtet ist, angerissene Themen nicht beendet werden.
(8) Z. 63–69	Schlussfolgerung: Die Handlungsentfaltung insgesamt wird gelobt, laut Verfasser eine sehenswerte Serie.

4
a) 2
b) 3

5 a) + b) 1 = B; weitere Beispiel: „Situationskomödie, Seifenoper und …" (Z. 20); „Gefecht der Generationen" (Z. 69), „eigentlich ganz gelungen" (Z. 44); „auf Kosten beider Kulturgruppen" (Z. 56)
2 = C; weitere Beispiele: „Einfach nett, wie sich die fortschrittlichen Alten …" (Z. 64)
3 = D; weitere Beispiele: „… für die Serie in ein gemeinsames Eigenheim gesperrt hat" (Z. 15-16); „der ‚Kampf der Kulturen' – hier wird er zum drolligen Gefecht der Generationen" (Z. 68-69)
4 = A; weitere Beispiele: „Schlendrian" (Z. 12); „aufzupeppen" (Z. 25); „gefloppte" (Z. 36)

6 Eine Sitcom lebt von Situationskomik, da folgt eine lustige Szene auf die andere. Im Text ist das ähnlich: **G**leich zu Beginn musste ich lachen, denn es gibt „für Töchter in der Pubertät" (Z. 4) **tatsächlich** nichts Schlimmeres als Mütter, die **versuchen, besonders unkonventionell zu sein**. Lustig fand ich auch den Satz **im zweiten Abschnitt** über den älteren Bruder Cem, „der meint, darauf achten zu müssen, dass die Frauen … nicht immer halb nackt durch die Gegend rennen" (Z. 17–18). Das Wort „Programmmächtigen" (Z. 35) ist mir außerdem aufgefallen. **D**as hat sich der Autor ausgedacht – **ein Ausdruck** zum **S**chmunzeln, aber eben kein Fachbegriff aus dem Film.

7 a) + b) Eine mögliche Lösung wäre: Im ersten Abschnitt musste ich über das Verb („flötet", Z. 7) lachen, weil der Satz davor so gar nicht dazu passt. Die Situation ist einfach gut wiedergegeben, davon lebt der ganze Text. Auch die Textstelle: „für die Serie … in ein gemeinsames Eigenheim gesperrt hat" (Z. 15-16) wirkt lustig, weil sie beim Leser eine falsche Vorstellung hervorruft. Die Schauspieler sind zwar für die Serie verpflichtet, die Mitglieder der Familie sind aber nicht „eingesperrt" worden, sondern freiwillig zusammengezogen. Die Formulierung klingt so, als würde ein Experiment stattfinden (wie im Laborversuch), was ja in Bezug auf die Serie nicht ganz falsch ist.

8

Positive Aspekte der Serie	Negative Aspekte der Serie
man kann die Figuren schnell ins Herz schließen; Dagtekin provoziert gerne mit humorvollen Pointen; politisch korrekt und ausgewogen; unterhaltsamer Generationskonflikt	überfrachteter Plot; der fröhlich-respektlose Umgang mit den Religionen ist mitunter übertrieben; schwer wiegende Konflikte werden manchmal nicht aufgelöst

9 Die Schlussfolgerung C ist am überzeugendsten, da der Autor sowohl positive als auch negative Aspekte der Serie benennt, sich im sechsten sowie im letzten Abschnitt aber eindeutig für die Serie ausspricht. Eine mögliche Schlussfolgerung könnte daher lauten: Die Meinung des Verfassers zu der neuen Serie fällt überwiegend positiv aus: Er lobt das originelle und humorvolle Konzept der Serie, die erstmals deutschtürkischen Familienalltag in Form einer Vorabendserie im deutschen Fernsehen darbietet. Obwohl der Plot einige kleinere Schwächen aufweist, überzeugen insbesondere die sympathischen Figuren in ihren Rollen und die ausgewogene Situationskomik.

10 Folgende Antworten wären denkbar:
Über die Thematik denke ich, dass es sehr positiv ist, dass deutschtürkisches Familienleben, trotz dieser heiklen Problematik, nun endlich Einzug in den TV-Alltag gefunden hat.
Der Erfolg der Serie – vor allem bei jungem Publikum – bestätigt dies ebenso wie die geplante zweite und dritte Staffel, die voraussichtlich 2008 anlaufen werden.

D Einen Schreibplan entwickeln

1 *Die fehlenden Angaben in der Einleitung lauten (in dieser Reihenfolge):* Christian Buß → 14. März 2006 → Der Spiegel → „Türkisch für Anfänger" → … er die Serie insgesamt für gelungen hält, auch wenn er einige negative Aspekte benennt. Christian Buß appelliert an Zuschauer und Programmverantwortliche, dieser neuen Sitcom die nötige Entwicklungszeit zu geben, weil sie sie verdient.

2 – 4 *So könnten Hauptteil und Schluss deiner Analyse aussehen:*

Wie im Untertitel deutlich wird, geht es in der Serie „Türkisch für Anfänger" um den Alltag einer deutsch-türkischen Patchworkfamilie, der humorvoll auf die Spitze getrieben wird. Der Verfasser des Beitrags spricht seine Leser direkt an. Die Frage, die er eingangs stellt („Über Migranten macht man keine Witze?") ist provokant und hinterfragt die weit verbreitete Meinung, dass man sich über Minderheiten nicht lustig machen sollte. Dass die neue Fernsehserie laut Bußmann gerade auf Witze über das deutschtürkische Zusammenleben setzt und damit Tabus bricht, weckt das Leser- und Zuschauerinteresse. Beispiele für solche Tabubrüche beschreibt Bußmann im ersten Abschnitt des Textes: So ist Tochter Lena, eine der Hauptfiguren, genervt von ihrer allzu freizügigen Mutter, während ihre neue Schwester Yagmur sich mit ihrem Vater anlegt, weil er sich ihrer Meinung nach nicht genug nach den Regeln der islamischen Religion richtet. Probleme, die aus kulturellen und religiösen Unterschieden zwischen Deutschen und Türken in der Familie entstehen, mischen sich mit den üblichen Generationskonflikten. Erst im zweiten Abschnitt stellt Bußmann die Mitglieder der Serie vor. Danach beschreibt er das Rezept der Serie und geht dabei auch auf die Erwartungen des Senders an die Serie „Türkisch für Anfänger" ein. Mit ihrem neuen Konzept und dem guten Sendeplatz möchte man mehr und vor allem neue Zielgruppen an den Bildschirm locken als bei bisherigen erfolgreichen Serien im deutschen Vorabendprogramm.

Um diesen Erfolg zu gewährleisten, hat die ARD die Hauptdarstellerin sowie Regisseure der erfolgreichen Soap „Berlin, Berlin" verpflichtet. Der junge Chefautor der Serie, Bora Dagtekin, traut sich zu, den deutschtürkischen Lebensalltag so darzustellen, dass beide Seiten genug zu lachen haben.

Lobend äußert sich der Autor des Textes vor allem über die Figuren, die er den Zuschauern ans Herz legt. Ihre Glaubwürdigkeit begründet er u. a. damit, dass der Chefautor der Serie selbst in einem solchen multikulturellen Haushalt aufgewachsen ist und weiß, wovon er erzählt. Er selbst hält die Serie mit einigen Abstrichen für gelungen und spricht sich daher dafür aus, dass die Serie nicht vorschnell abgesetzt werden sollte, sondern Zeit bekommen sollte, sich zu entwickeln. Gelungen an der Serie findet der Autor außerdem, dass auf humorvolle Weise Konflikte dargestellt werden und Pointen dabei ausgewogen auf beide Kulturen verteilt sind. Besonders der umsichtige Umgang mit Vorurteilen begeistert Bußmann.

Der Verfasser benennt allerdings auch einzelne Aspekte, die ihm an der Serie missfallen: Vor allem in den ersten Serienfolgen erschien Bußmann die Handlung gelegentlich überfrachtet, erst in späteren Folgen kam mehr Ruhe in die Handlung. Im Umgang mit den Religionen fehlte es ihm gelegentlich an der gebotenen Ernsthaftigkeit, als Beispiel führt er an, dass Lena für drei Minuten zum Judentum übertritt. Bußmann kritisiert darüber hinaus, dass einige gravierende Konflikte zwar angerissen, aber nicht entfaltet oder aufgelöst werden.

Abschließend gibt Bußmann zu erkennen, dass er die Serie als sehenswert empfindet und sie ihr hochgestecktes Ziel, ein neues unterhaltsames Format im deutschen Fernsehen zu etablieren, gut erreichen kann.

Der Artikel selbst ist salopp und lustig geschrieben. Schon der Titel des Artikels ist humorvoll und weckt Neugier beim Leser. Der begonnene Nebensatz regt zum Nachdenken an und macht gespannt auf die Handlung: Was mag geschehen, wenn der Mullah-Wecker klingelt? Wer soll aufwachen (auch übertragen), wem schlägt vielleicht gerade die letzte Stunde? Mit der Erwähnung des Wortes „Mullah" verweist Bußmann bereits im Titel auf eine wiederkehrende Thematik des Artikels und der Serie, nämlich die humorvolle Darstellung von Religion und anderen heiklen multikulturellen Themen. Besonders die ersten beiden Abschnitte des Artikels sind sprachlich lustig gestaltet. Bußmann nutzt umgangssprachliche Ausdrücke („Typ", Z. 15). Als witzig empfindet man es als Leser, wenn Bußmann schreibt, dass die Familie „in ein gemeinsames Eigenheim gesperrt" sei (Z. 18) oder dass Cem aufpassen müsse, dass „die Frauen der Patchworksippe nicht immer halb nackt durch die Gegend rennen" (Z. 20-21). Hier wird die Situationskomik erfahrbar für den Leser, der die Serie noch nicht kennt. Ziel des Autors ist es offenbar, die Leser des Artikels für die Serie zu interessieren. Er wählt dazu dieselbe flapsige Sprache, die in der Serie gesprochen wird, er lässt Figuren, Situationen und Komik für sich selbst sprechen und bedient sich desselben Humors wie in der Serie – daher finde ich auch die Art der Darstellung sehr passend.

Insgesamt kann ich mich der Meinung des Autors anschließen, denn ich kenne die Serie bereits: „Türkisch für Anfänger" ist wirklich gelungene Unterhaltung. Schon nach wenigen Folgen hatte ich die schrillen Figuren ins Herz geschlossen, weil man sich köstlich über sie amüsieren kann. Im Gegensatz zum Autor fand ich die ersten Serienfolgen übrigens besonders gelungen. Und gerade dadurch, dass nicht alle angesprochenen Handlungsaspekte weitergeführt wurden, wirkte die Serie spritzig, sie hatte viel Tempo. Als Zuschauer einer Sitcom erwarte ich auch nicht, dass alle angesprochenen Konflikte aufgegriffen und gelöst werden. Sogar dass Lena für ein paar Minuten zum Judentum überwechselte, fand ich – als Übertreibung – gut auf den Punkt gebracht. Daran merkte man doch gerade, dass es Lena eben nicht um die Religion ging, sondern dass sie nur irgendwie auf sich aufmerksam machen wollte. Außerdem kommt in ihrem Verhalten zum Ausdruck, dass Jugendliche in diesem Alter auf der Suche nach einem richtigen Weg für sich sind, auch in der Religion. Wenn Bußmann es sonst so gut findet, dass die Figuren in ihrem Wesen überzeichnet sind, dann hätte er doch auch über Lena lachen können, anstatt sich „genervt" zu fühlen.

Lösungsheft

▷ S. 46 # *Willi Fährmann:* Die letzte Fähre – Eine Erzählung analysieren

▷ S. 48 ## A   Die Aufgabe verstehen

1 *Folgende Aussagen treffen zu: b, d, f, h*

▷ S. 48 ## B   Erstes Textverständnis – Ideen entwickeln

1 *Hier sind verschiedene Antworten möglich, z. B.:* Das war knapp, würde ich sagen – die Situation hätte auch ganz anders ausgehen können, und zwar für alle Beteiligten. Ich musste die Geschichte ein zweites Mal lesen, weil so viel gleichzeitig passiert. Dass Menschen so unterschiedlich denken und handeln können! Sie sind gut beschrieben, finde ich.

2

Hetze der SA-Männer:
„Die Juden sind unser Verderben", stand in fetten Buchstaben darauf (Z. 20); „Wir haben denen in Wesel eingeheizt", rief ein ganz junger SA-Mann. „Und das war erst der Anfang. Läuse im Pelz muss man knacken." (Z. 21–23); „Mandelbaumer, ein schöner Name für eine Judenschickse." (Z. 53) „Sie ist eine Judengöre", rief der SA-Mann jetzt laut. (…) Truppführer. Ich hab's genau gehört. (Z. 40–43); „Halt die Klappe, Oma", fauchte der Jüngere sie an. „Hast du wohl noch nicht gehört dass die SA jetzt Polizeigewalt hat, was?" (Z. 44–46)

Christians Gedanken, Gefühle, Reaktionen:
„Hör nicht hin", flüsterte Christian Elfie zu. Er legte ihr den Arm um die Schultern (…). Er wollte sie trösten, aber was sollte er sagen? (Z. 11–13); „Nichts, nichts", sagte Christian. (Z. 39–40); Christian tuschelte Elfie zu. „Frag nicht lange und tu, was ich sage. (…) Unmittelbar bevor die Fähre an Land glitt, ließ sich Christian über die Reling ins Wasser fallen. (Z. 50–55); Christian platschte mit seinen Händen auf das Wasser, versank und tauchte wieder auf, (…) und war schnell einige Meter entfernt (Z. 57–59); „Du warst wie ein Lamm im Wolfspelz", lachte der Schmidtbauer. In der folgenden Nacht brachte er Elfie auf Schleichpfaden über die Grenze. (Z. 69–70)

Verhalten des jüdischen Mädchens Elfie:
ihr Zittern (Z. 11); „Schmah, Israel!", entfuhr es Elfie. (Z. 37); Elfie hatte inzwischen ihren Ausweis aus der Handtasche geholt und hielt ihn dem SA-Mann hin. (Z. 46–48); Niemand außer Elfie wusste, dass Christian ein ausgezeichneter Schwimmer war. (Z. 63–64); (…) schlich sie sich heimlich von der Fähre (Z. 65)

Reaktionen der Passagiere:
„Ja, endlich geht's den Juden an den Kragen", mischte sich der Kutscher ein. „Wird auch höchste Zeit, dass das Pack eins auf die Nase kriegt." (Z. 7–9); „Eine Schande ist das, was sie mit den Leuten machen", widersprach die ältere Frau (…) so leise, dass nur wenige sie verstehen konnten. (Z 9–11); „Aber wieso denn?", protestierte die Frau. (Z. 44); „Ihr seid mir schöne Polizisten", nörgelte die Frau. (Z. 46); Während alle gebannt der Rettungstat zuschauten, (…). (Z. 64)

3 *Richtig sind die Lösungen c und d.*

4 *Elfie:* Schmah, Israel! Jetzt ist alles aus. Hier gibt es kein Entkommen, wenn sie uns kontrollieren. Und der Koffer … was soll ich nur tun? Ich habe Angst.
Christian: So ein Pech. Aber ruhig Blut. So lange sie mit ihrem Plakat beschäftigt sind … Sie dürfen nur nicht auf uns aufmerksam werden. Mit dem Geldkoffer ist gleich klar, dass Elfie auf der Flucht ist.

▷ S. 49 ## C   Übungen

1 *Die richtigen Lösungen lauten der Reihenfolge nach:*
bedrohlich (Z. 16–17); **Hitlergruß** (Z. 17); **überzeugte Nationalsozialisten**; **zu zwölft** (Z. 16); **wenig Rücksicht** (Z. 18); **Die Macht der SA-Männer**; **gar nicht** (Z. 21); **Aufschrift des Plakats** (Z. 20); **die Juden**; **Juden**; **Widerspruch**; **Mit unverschämten Äußerungen**; **zum Schweigen** (Z. 44–46); **Die verächtliche** Haltung; Juden als **Ungeziefer** (Z. 23); Elfie **beschimpfen** (Z. 40; Z. 53); **laut herumprahlen** (Z. 21–24)

2 *Folgende Lösungen gehören zusammen:*
a) + 2 (Z. 9–10): empfindet, dass man mit den Juden so nicht umgehen darf und schämt sich dafür; hat aber auch Angst
b) + 5 (Z. 23): ist von der Rassenideologie überzeugt; lässt sich täuschen (von Christian) und verpetzt Elfie beim Truppführer
c) + 1 (Z .8–9): typischer Mitläufer, der Juden gegenüber negativ eingestellt ist; übernimmt die Vorurteile, ohne sie zu prüfen
d) + 6 (Z. 14–15): verhält sich neutral; unternimmt als Herr der Fähre aber nichts gegen das Plakat, das ihm die Sicht versperrt
e) + 3 (Z. 54–55): ist mit Familie Mandelbaumer befreundet und will Elfie in Sicherheit bringen; scheut keine Gefahr
f) + 4 (Z. 70): hilft Juden und bringt sich selbst in Gefahr; wirkt sehr abgeklärt, hat vermutlich schon viel gesehen und erlebt

3 Einige Adjektive treffen auf mehrere Figuren zu. So könnte deine Lösung z. B. aussehen:

ältere Frau:	couragiert, unwillig, verärgert, vorsichtig, schlagfertig
junger SA-Mann:	niederträchtig, provozierend, impulsiv, unhöflich
Kutscher:	boshaft, aggressiv, unfreundlich
Fährmann:	umsichtig, unbeteiligt, verantwortungsbewusst, unparteiisch, schnell
Christian:	mutig, vorausschauend, beschützend, reaktionsschnell, beschwichtigend, entschlussfreudig, besonnen
Schmidtbauer:	hilfsbereit, überlegen, humorvoll

> S. 50

4

Christians Verhalten	Bewertung / Einschätzung
Z. 11–12: „Hör nicht hin", flüsterte Christian Elfie zu. Er legte ihr den Arm um die Schultern.	Er will Elfie trösten, als die Rede auf die gewalttätigen Übergriffe auf Juden kommt (zerschlagene Scheiben usw.).
Z. 39–40: „Nichts, nichts", sagte Christian.	Er versucht, Elfies Ausspruch zu vertuschen, damit der SA-Mann glaubt, er habe sich verhört.
Z. 50–51: „Frag nicht lange und tu, was ich sage. Schnapp gleich deinen Koffer und lauf …"	Christian weiß genau, was er tut; damit sein Plan aufgeht, muss Elfie sich auf ihre Flucht konzentrieren.
Z. 54 ff.: … ließ Christian sich ins Wasser fallen … platschte mit den Händen, versank und tauchte wieder auf, …	Christian handelt klug und schnell; er begibt sich in die Hände der SA-Leute und ermöglicht Elfie so die Flucht.
Z. 66 ff.: „Meine Retter haben mich noch in ihr Stammlokal geschleift. Ich musste ihnen Bier und Schnaps ausgeben …"	Auch bei dem gemeinsamen „Umtrunk" nach der Rettung verhält er sich besonnen und übersteht ihn unbeschadet.

5 a) Zutreffend sind alle außer c.
   b) c
   c) am ehesten (3) oder (6); Hinweis: keine Überschrift ist falsch. Es kommt darauf an, dass du deine Wahl überzeugend begründest, z. B.: Im Mittelpunkt der Geschichte steht für mich …; Am bedeutsamsten ist für mich …

6 a) d
   b) Der ursprüngliche Vergleich bedeutet, dass jemand, der gefährlich ist, vorgibt, harmlos zu sein. Hier ist gemeint, dass jemand, der gefährlich aussieht, eigentlich ganz harmlos ist. Schmidtbauer bezieht sich auf den von Christian geschilderten Hemdentausch: Durch das geliehene Braunhemd, einen Teil der SA-Uniform, scheint er zu ihnen zu gehören, solange er mit am Tisch sitzt. Das Hemd ist sozusagen der Wolfspelz, denn SA-Leute sind gefährlich und gewalttätig. Christian ist aber mit einer jüdischen Familie befreundet, hilft Elfie bei ihrer Flucht und riskiert dabei, als „Judenfreund" entdeckt zu werden. Für die Juden ist er also ungefährlich wie ein Lamm (vgl. „lammfromm" sein).

> S. 51

D Schreibplan erstellen

1 + 2 1. Einleitung (C)   2. Der Inhalt (E)   3. Figurenverhalten (B)
4. Christians Verhalten (A)   5. So sehe ich Christan (fehlt)   6. Schmidtbauers Vergleich (D)

> S. 51

E Den Text überarbeiten

1 So könnte die verbesserte Inhaltszusammenfassung lauten (Ergänzungen unterstrichen):

(1) Die Geschichte „Die letzte Fähre" von Willi Fährmann (2) spielt im April 1933 in Deutschland. (3) Dort sind gerade die Nationalsozialisten an der Macht, (4, ergänzt) die Verfolgung der Juden hat bereits begonnen. (5) Elfie Mandelbaumer ist eine Jüdin, die ihr Vater mit einem Koffer voll Geld vorsichtshalber außer Landes bringen lassen möchte. (6+7, ergänzt) Christian, ein Freund der Familie, begleitet sie auf der Flucht über den Rhein, um sie danach einem Fluchthelfer namens Schmidtbauer zu übergeben, der sie über die Grenze nach Holland bringen soll. (8) Als es während der Fährfahrt fast zu einem Schiffsunglück kommt, wird Elfie von den SA-Leuten als Jüdin erkannt. (9) Mit Hilfe eines vorgetäuschten Unglücks kann Elfie der SA in letzter Sekunde entkommen: (10) Christian geht über Bord, täuscht glaubhaft vor, zu ertrinken und wird von einem jungen SA-Mann „gerettet". (11, ergänzt) Dieses Ablenkungsmanöver rettet Elfie vor der drohenden Festnahme. (12, ergänzt) Nachdem Christian seinen Retter zu einem Bier eingeladen hat, trifft er anschließend an einem sicheren Ort wieder auf Elfie und Schmidtbauer.

Lösungsheft

Punkteraster zur Selbsteinschätzung

	Anforderung: Du ...	Punkte (max.)	deine Punkte
Einleitung	... formulierst einen **Einleitungssatz**, in dem du **Autor**, **Textsorte**, **Titel** und **Thema** nennst und die besondere **historische Situation** (Deutschland, April 1933) erläuterst, in der die Geschichte spielt (vgl. Einleitungstext).	5 1	
Mittelteil	... gibst den **Inhalt** der Geschichte knapp und genau wieder.	6	
	... beschreibst **das Verhalten der fünf Nebenfiguren** (Elfie, SA-Männer; die ältere Frau, der Kutscher, der Fährmann), indem du ...		
	→ ... deine Beschreibung pro Person mit mindestens zwei Textzitaten belegst.	(5 x 2)	
	→ ... das Verhalten der jeweiligen Person mit mindestens zwei zutreffenden Adjektiven beschreibst (z. B. <u>couragiert und schlagfertig</u>, ...).	(5 x 2)	
	→ ... die Situation deutlich machst, die sich daraus ergibt (Hetze der SA-Männer gegenüber Juden im Allgemeinen bzw. Elfi im Besonderen; die tödliche Gefahr, die für Elfie, u. U. auch für Christian als ihrem Helfer, droht; das unterschiedliche Verhalten der Passagiere bzw. der Fährleute gegenüber Elfie und den SA-Leuten).	4	
	→ ... dabei **besonders auf das Verhalten von Christian eingehst** (seine Gedanken und Gefühle, Reaktionen, vor allem seine „Rettungs"-Idee).	8	
	... erläuterst den **Vergleich von Schmidtbauer**, indem du ...		
	→ das ursprüngliche Sprichwort nennst und erklärst und ...	2	
	→ Schmidtbauers Variante im Kontext der Geschichte erklärst und deutest.	2	
eigenes Urteil	... **beurteilst das Verhalten von Christian**, indem du ... – die brisante Situation für ihn und Elfie hervorhebst und vor dem Hintergrund der damaligen Zeit und vor dem Verhalten der anderen Figuren bewertest.	4	
	– ein **Fazit** (Schlussurteil) formulierst, in dem du deine Meinung auf den Punkt bringst und z. B. mit einem Wunsch oder einer Forderung verknüpfst.	3	
		= 55	
Darstellungsleistung	... stellst alles **geordnet** und **übersichtlich** dar und machst dabei gliedernde Abschnitte.	3	
	... verwendest bei der Wiedergabe und Analyse von Textaussagen das **Präsens**.	2	
	... **wechselst** bei der Wiedergabe des Inhalts einleitende Konjunktionen und Partikel ab (nicht immer nur „Dann ... Dann").	2	
	... **belegst Aussagen durch** korrektes und buchstabengetreues **Zitieren**.	2	
	... **verwendest treffende und anschauliche Adjektive**, um die Figuren und ihr Verhalten zu beschreiben und zu bewerten.	2	
	... verwendest durchgängig **Standardsprache** und keine Umgangssprache; benutzt die Fachbegriffe für das Analysieren von Erzähltexten (<u>der Erzähler, die Figuren</u>).	1	
	... machst **gedankliche Zusammenhänge** klar, indem du einleitend jeweils entsprechende Redewendungen verwendest.	2	
	... konstruierst Sätze abwechslungsreich, indem du verschiedene Verknüpfungen mit **Konjunktionen** wie „während", „damit", „obwohl", „da" usw. und Adverbien wie „infolgedessen", „deshalb" usw. verwendest.	2	
		= 16	
	Gesamtpunktzahl	= 71	

Bewertung

52–71 Punkte (73–100 %):
Du liegst im sehr guten bis guten Bereich. Schau dir trotzdem noch einmal genau die Stellen an, an denen du dich noch verbessern kannst.

42–51 Punkte (59–72 %):
Deine Leistungen sind durchschnittlich. Einiges gelingt dir schon ganz gut, manches musst du jedoch noch einmal üben. Versuche, Fehlerschwerpunkte zu entdecken und diese gezielt zu beheben.

32–41 Punkte (45–58 %):
Deine Leistungen sind ausreichend. Überarbeite deine Arbeit noch einmal. Versuche, Fehlerschwerpunkte zu entdecken und diese gezielt zu beheben.

0–31 Punkte (0–44 %):
Du hast in vielen Bereichen noch Schwierigkeiten. Sprich mit deiner Lehrerin/deinem Lehrer darüber, wie du dich verbessern kannst. Sie oder er kann dir helfen, deine Fehlerschwerpunkte zu analysieren und zu beheben.

Ludwig Jacobowski: Großstadt-Lärm – Ein Gedicht analysieren

A Die Aufgabe verstehen

1 *Analysiere das Gedicht Großstadt-Lärm von Ludwig Jacobowski.*
- *Stelle dar, wie **Stadt** und ländliche **Natur** in diesem Text beschrieben werden.*
- *Untersuche formale und sprachliche **Mittel** und ihre **Wirkung**.*
- *Geh dabei auch auf die **Bewertungen des lyrischen Ichs** ein, die in der **Wortwahl** zum Ausdruck kommt.*

Nimm Stellung, inwieweit du die Erfahrungen des lyrischen Ichs heute noch teilen kannst.

2 a) Folgende Aussagen treffen zu: a, d, f, g, h, i, j und k.
b) Zu Teilaufgabe 1 gehören die Aussagen a, d, f, h, i und k, zu Teilaufgabe 2 die Aussagen i und j.
c) Eine sinnvolle Reihenfolge wäre: k, a, f, d, g, h, j und i.

B Erstes Textverständnis – Ideen entwickeln

1 c) mögliche Begründung:

> Ich habe mich für Überschrift a) entschieden, weil für mich die „Sehnsucht nach Stille" als Eindruck überwiegt. Besonders deutlich wird diese Sehnsucht am Anfang und Ende des Gedichts. Dort ruft das lyrische Ich nach der Stille auf dem Land: „Wo bist du, stilles Ackerland". Er bittet sie, wie eine vertraute Person, ihn aus der Stadt herauszuholen: „o Land der Stille hol mich doch / hol den Gefangenen nach Hause".

2 Mögliche Lösungen:

> Nach dem ersten Lesen spricht mich das Gedicht nicht besonders an, weil die Sprache befremdlich wirkt und ich als „Stadtmensch" das Landleben einfach nur langweilig finde. Stadtleben beinhaltet für mich auch viel mehr, als hier dargestellt wird.

3 **Strophe 1:** Land, Weite, Freiheit, Ruhe   **Strophe 3:** Stadt, Lärm, Bedrohung
Strophe 2: Nacht, Stille, Entspannung   **Strophe 4:** Lärm, Aufregung, Einengung

C Übungen

1 *Geräusche in der Stadt (hier ohne Bewertung):* Verkehr: Motorenlärm von U- und S-Bahn, Autos, Bussen, Flugzeugen usw. (Dröhnen, Summen, Brummen, Hupen, Quietschen); menschliche Stimmen (Rufen, Gelächter, Gejohle, Gesang, Pfeifen, Unterhaltung, hitzige Diskussion); Baustellengeräusche usw.

2 Das Gedicht hat **4** Strophen, eine Strophe besteht immer aus **4** Versen. Das Reimschema ist **abab**, es handelt sich also um einen **Kreuzreim**. Das Versmaß ist fast durchgängig ein **Jambus**, nur in den Versen **elf und sechzehn** taucht plötzlich ein **Daktylus** auf. Jeder Vers hat **4** Betonungen, die einzige Ausnahme ist Vers **16**, dort sind es nur **3** Betonungen.

3 a) c   b) b

4 a) und b) Eine rhetorische Frage ist eine Frage, auf die man keine Antwort erwartet; z. B: **„Wo bist du, stilles Ackerland, …?"** (V. 1–4)
Eine Personifikation ist eine Vermenschlichung von Gegenständen, z. B: **„ermüdet"** (V. 1–2); **„treue Sterne"** (V. 4); **„hol mich doch"** (V. 15)

5 a) Das Ackerland …   … ist **ermüdet**, V. 2
Die Mauern   … **droh'n** herabzufallen, V. 10
Die Nacht …   … **senkt sich** (wie ein Vogel), V. 5
                … hängt **locker** in den Ästen, V. 7
Die Sterne   … sind **treu**, V. 4

6 a) Stellen, an denen das lyrische Ich deutlich wird: *„ich"* (Z. 9); *„mich"* (Z. 10, Z. 15); *„meinen"* (Z. 11)
   b) Zutreffend sind die Aussagen b und c.

7
Strophe	Verben	Adjektive	Nomen
1	ermüdet ⊖, eingefriedet ⊕	stilles ⊕, bittern ⊖, grenzenloser ⊕, treuen ⊕	Ackerland ⊕, Tagewerk ⊖, Himmelsrand ⊕, Sternen ⊕
2	senkt ⊕, hängt ⊕	locker ⊕	Nacht ⊕, Gärten ⊕, Heide ⊕, Wald ⊕, Fluren ⊕, Hauch ⊕, Silberspuren ⊕
3	schleiche ⊖, droh'n ⊖, taumeln ⊖, durchlärmten ⊖		Mauern ⊖, Nachtschwärmer ⊖, Hallen ⊖
4	hol ⊕		Gejohle ⊖, Kellerloch ⊖, Gebrause ⊖, Stille ⊕, Gefangenen ⊖, Hause ⊕

   c) Zusammenfassend lässt sich sagen, dass die ländliche Natur in Strophe eins und zwei überwiegend mit **positiven** Wörtern beschrieben wird, und zwar vor allem durch **Adjektive** und **Nomen**. Im Gegensatz dazu wird **die Stadt** in der **dritten** Strophe überwiegend durch **negative** Begriffe beschrieben, hauptsächlich **Verben**. In der **letzten / vierten** Strophe ist wieder positiv vom **Land** die Rede, das als Ort der Sehnsucht heraufbeschworen wird. In der Wahrnehmung des lyrischen Ichs erscheint **das Land** als paradiesisch, ruhig und friedlich, **die Stadt** hingegen als bedrohlich und laut.

▷ S. 56 8
Beispiel für einen Schluss	an ersten Eindruck angeknüpft?	auf Analyseergebnisse bezogen?	klar zum Text Stellung genommen?	insgesamt sprachlich gelungen?
A	ja	nein	ja	nein
B	ja	nein	ja	ja
C	nein	ja	nein	ja

9 Hier gibt es keine Musterlösung; der Schluss hängt stark von deiner Bewertung von Stadt und Land ab.

▷ S. 57 **D Den Schreibplan erstellen**

1 In Ludwig Jacobowskis Gedicht „Großstadt-Lärm" aus dem Jahre 1906 geht es um das Leben in der Großstadt, wie es das lyrische Ich empfindet. Darin werden Stadt und Land als sehr gegensätzliche Orte beschrieben und auch bewertet.

2 Während in den ersten beiden Strophen des Gedichts die Vorzüge des Landes heraufbeschworen werden, werden in der dritten und vierten Strophe hauptsächlich die negativen Seiten der Stadt geschildert.

3
Formale und sprachliche Aspekte	Inhaltliche Bedeutung und ggf. Wirkung
Äußere Form	Vier Strophen, vier Verse: Zwei Strophen beschreiben das Land, zwei Strophen stellen die Stadt dar. Insgesamt ist es eine ausgewogene Darstellung, wenn auch gegensätzliche Beschreibung. Beide Beschreibungen nehmen fast gleich viel Raum ein. Der regelmäßige Aufbau unterstützt in den ersten beiden Strophen die Harmonie zwischen dem lyrischen Ich und dem Land. Eintönigkeit und Sehnsucht spiegelt sich im gleichmäßigen Wechsel betonter und unbetonter Silben wider (fast durchgängiger Jambus, vier Betonungen pro Vers), was nur in der letzten Strophe durch den Ausruf (Daktylus, drei Hebungen im Vers) lebhaft unterbrochen wird. Auch Vers 11 beginnt mit einem Daktylus, als Menschen (Nachtschwärmer) auftreten. Eintönigkeit bzw. Gleichmaß des Metrums wirken bedrückend. Vers 11 und Schlussvers weichen im Rhythmus ab (Daktylus), dies verstärkt z. B. den Wunsch / Ausrufcharakter der Aussage am Ende.
Lyrisches Ich	Die klare Benennung (ich, mich, meine …) erleichtern dem Leser die Identifikation und den Einblick ins Gefühlsleben. Das lyrische Ich fühlt sich bedroht, bedrängt, eingeengt, gefangen.
Wertende Ausdrücke	Land: still, grenzenlos, eingefriedet, locker vs. Stadt: schleichen, drohen, Gefangener, Gebrause, Gejohle, durchlärmt, taumeln, kreuzen
Sprachliche Bilder	Himmel, Sterne, Mauer, usw: Personifikationen verdeutlichen die Stimmungen, mit denen die Orte für das lyrische Ich verbunden sind (Land = Freund, Stadt = Feind oder Bedrohung).

4 Zusammenfassend kann man festhalten, dass das Gedicht vom Gegensatz zwischen bedrohlicher Großstadt und friedlichem Landleben geprägt ist. Wie oben gezeigt, unterstützen die eingesetzten sprachlichen Mittel die Sehnsucht nach diesem friedlichen Land, insbesondere die Personifikationen. Beim ersten Lesen hat mich das Gedicht „Großstadt-Lärm" nicht besonders angesprochen, vielleicht deshalb, weil ich als „Stadtmensch" mit „Ackerland", „Tagewerk" und anderen Begriffen nicht so viel anfangen kann. Nach meiner Analyse verstehe ich den Text besser und finde die Gegensätze zwischen Stadt und Land interessant beschrieben. Die Sehnsucht nach dem friedlichen Land kann ich jetzt besser nachvollziehen. Auch ich fühle mich nicht immer wohl in der Stadt, weil mir die Aufregung in den Straßen und der Verkehrslärm manchmal zu laut sind.

5 *So könnte der Hauptteil deiner Gedichtanalyse lauten:*

> Das Gedicht besteht aus vier Strophen zu je vier Versen. Während die ersten beiden Strophen die positiven Seiten des Landes herausstellen, thematisieren die letzten beiden Strophen die Unannehmlichkeiten der Stadt.
>
> Das Gedicht wird mit einer rhetorischen Frage eingeleitet: „Wo bist du stilles Ackerland, / vom bitter'n Tagewerk ermüdet […]?" (V. 1–4). Durch diese direkte Ansprache und Personifikation in der ersten Strophe wird die Sehnsucht des lyrischen Ichs nach dem Land, das wie eine vertraute Person erscheint, besonders deutlich. Diese Vertrautheit wird durch eine weitere Personifikation verstärkt: „[…] von treuen Sternen eingefriedet" (V. 4). Gleichzeitig vermittelt das Verb (Partizip) „eingefriedet" ein Gefühl der Geborgenheit.
>
> Der „grenzenlose[r] Himmelsrand" steht für die uneingeschränkte Freiheit (V. 3). In der zweiten Strophe wird durch die einbrechende Nacht eine beruhigende, entspannte Atmosphäre erzeugt, die sich auch in dem Adjektiv „locker" (V. 7) widerspiegelt.
>
> Unterstützt wird diese Harmonie zwischen dem lyrischen Ich und der Natur durch das regelmäßige Metrum. Der fast durchgängige Jambus führt dazu, dass die Erfahrungen und Bilder am Leser vorbeifließen – ohne Pausen oder Unterbrechungen.
>
> In der dritten Strophe gibt sich das lyrische Ich zum ersten Mal durch das Personalpronomen „ich" und das Possessivpronomen „meinen" ausdrücklich zu erkennen (V. 9–11). Das lyrische Ich gibt dem Leser auf diese Weise Einblick in sein Gefühlsleben, wodurch die Identifikation des Lesers mit dem lyrischen Ich erleichtert wird. Es kommt zu einem plötzlichen inhaltlichen Bruch. Dargestellt wird die Stadt, von der sich das lyrische Ich bedroht und eingeengt fühlt. Im sprachlichen Bild der herabfallenden Mauer wird die Enge und Bedrängnis, unter denen das lyrische Ich leidet, veranschaulicht: „Hier schleiche ich die Mauern lang, / die droh'n auf mich herabzufallen" (V. 9–10).
>
> Im weiteren Verlauf erfolgt ein Wechsel im Metrum. Vers 11 setzt mit einem Daktylus ein. „Nachtschwärmer" treten plötzlich in Erscheinung, sie fallen durch die neue Betonung akustisch auf: „Nachtschwärmer kreuzen meinen Gang / Und taumeln in durchlärmten Hallen" (V. 11–12). Durch das Verb „kreuzen" wird ein weiteres Mal die Freiheitsberaubung des lyrischen Ichs deutlich. Die Aufregung, die Unruhe und die Lärmbelästigung werden durch die dynamische Wirkung des Daktylus betont. In der vierten Strophe steigert sich der Lärm und erreicht seinen Höhepunkt in der Zeile: „Gejohle aus dem Kellerloch, / bis an die Dächer ein Gebrause" (V. 13–14).
>
> Das Gedicht endet mit einer Aufforderung an das personifizierte Land: „o Land der Stille, hol mich doch, / hol den Gefangenen nach Hause" (V. 15–16), und schlägt somit den Bogen zum Anfang. Hatte sich das lyrische Ich zu Beginn mit einer sehnsuchtsvollen Frage an das Land gewandt, so erinnert die Aufforderung am Ende des Gedichts an einen verzweifelten Hilferuf. Verstärkt wird diese Wirkung noch durch das abweichende Metrum (Daktylus), durch die es lebhafter wirkt als die vorherigen, beständigen Jamben.
>
> Das lyrische Ich spricht über sich selbst in der dritten Person Singular und nennt sich „den Gefangenen", was die bedrohliche und belastende Enge in der Stadt offensichtlich werden lässt. Im deutlichen Gegensatz dazu steht das in den ersten beiden Strophen gepriesene weite Land, der „grenzenlose[r] Himmelsrand" (V. 3), von dem sich das lyrische Ich die Befreiung und ersehnte Stille erhofft.

E Den Text überarbeiten – richtig zitieren

1 *a) + b)* Das Gedicht „Großstadt-Lärm" beginnt mit der Frage: „Wo bist du, stilles Ackerland?" (**V. 1**). Im weiteren Verlauf ist von „treuen Sternen" (**V. 2**) die Rede. Demgegenüber steht die Stadt, deren „[…] Mauern […] droh'n herabzufallen" (**V. 9–10**), und zwar „auf mich" (**V. 10**), d. h. das lyrische Ich.

Punkteraster zur Selbsteinschätzung (Bewertung vgl. S. 20 in diesem Lösungsheft)

	Anforderung: Du …	Punkte (max.)	deine Punkte
Einleitung	… formulierst einen **Einleitungssatz**, in dem du **Autor**, **Textsorte**, **Titel** und **Thema** sowie deinen ersten **Leseeindruck** nennst und die **Gegensätze in der Darstellung von Stadt und Land** erwähnst.	5 3 2	
Mittelteil	… gibst den **inhaltlichen Aufbau des Gedichts** wieder (zwei Strophen Land – positiv beschrieben, zwei Strophen Stadt – negativ beschrieben).	6	
	… beschreibst die regelmäßige **äußere Form des Gedichts**:		
	– 4 Strophen à 4 Verse	2	
	– Reimschema: Kreuzreim	1	
	– regelmäßiges Metrum: Jambus (außer in Vers 11 und 15 → Daktylus)	2 (+2)	
	… untersuchst die **Rolle des lyrischen Ichs**, indem du …		
	– das Auftreten des lyrischen Ichs in Vers 9–11 und 15 erwähnst.	3	
	– die Sehnsucht des lyrischen Ichs nach der Ruhe/Geborgenheit des Landes deutlich machst.	3	
	– die Ansprache des lyrischen Ichs an das Land (Personifikation) in Strophe 1 und 4 als Klammer des Textes benennst.	3	
	… untersuchst die **Wirkung der Wortwahl**, indem du …		
	– die Wirkung der Wortwahl erläuterst: 1./2. Strophe positive Darstellung des Landes, v. a. durch Adjektive und Nomen; 3./4. Strophe negative Darstellung der Stadt, v. a. durch Verben.	6	
	– zentrale sprachliche Bilder und ihre Wirkung benennst, v. a. „treue(n) Sterne" und „Mauern" „droh'n herabzufallen".	3	
	… **fasst** deine wesentlichen Analyse**ergebnisse** kurz und präzise **zusammen**.	4	
Eigene Stellungnahme	… beurteilst die Erfahrung des lyrischen Ichs, indem du …		
	– an den ersten Eindruck anknüpfst.	2	
	– dich auf deine Analyse beziehst.	3	
	– eine Bewertung vor dem Hintergrund deiner eigenen Stadt- oder Landerfahrungen abgibst.	3	
		= 55	
Darstellungsleistung	… stellst alles **geordnet** und **übersichtlich** dar und machst dabei gliedernde Abschnitte.	3	
	… verwendest bei der Wiedergabe und Analyse von Textaussagen das **Präsens**.	2	
	… **wechselst** bei der Wiedergabe des Inhalts einleitende Konjunktionen und Partikel ab (nicht immer nur „Dann … dann").	2	
	… **belegst Aussagen durch** korrektes und buchstabengetreues **Zitieren**.	3	
	… **verwendest** die korrekten Fachbegriffe (Personifikation, Strophe, Kreuzreim usw.).	2	
	… verwendest durchgängig **Standardsprache** und keine Umgangssprache (wie „total", „krass", „super" u. a.).	2	
	… konstruierst Sätze abwechslungsreich, indem du verschiedene Verknüpfungen mit **Konjunktionen** wie „indem", „sodass", „wohingegen" usw. und Adverbien wie „einerseits – andererseits", „somit" usw. verwendest.	2	
		= 16	
	Gesamtpunktzahl	= 71	

S.58 Schlankheitswahn: Heißt schön sein, mager sein?
– Zu Sachtexten Stellung nehmen

S.60 A Die Aufgabe verstehen

1 *Die Aussagen a, d und e treffen zu.*

2 *Die Aussagen a, b und e sind richtig.*

S.60 B Erstes Textverständnis – Stoff sammeln

1 *Zum Beispiel:* **Damenkonfektionsgröße null** *(Z. 1);* **in Deutschland Größe 32** *(Z. 2);* **2006** *(Z. 3);* **Körperform eines zwölfjährigen Mädchens** *(Z. 5–6);* **heftig diskutiert** *(Z. 6);* **untergewichtige Mannequins aus(ge)schlossen** *(Z. 7–8), zwei Fotomodels erlagen dem S.-z.-Wahn (Z. 9–10).*

2 *a) Folgende Schlüsselbegriffe finden sich – neben den schon markierten – in M2:* **extreme Zunahme von Essstörungen in den letzten Jahren** *(Z. 15–16);* **immer mehr Männer** *(Z. 17);* **Viele Models und Schauspielerinnen ... magersüchtig** *(Z. 19);* **Diskussion um Schlankheitswahn** *(Z. 19-20);* **Mädchen eifern ... mageren Idolen nach** *(Z. 22–23);* **Körper in der Pubertät entwickelt sich ganz anders** *(Z. 24);* **Klassenkameraden ... sticheln** *(Z. 25–26);* **BMI zwischen 19 und 25 ... normal** *(Z. 31);* **Wenn ... Essen zum Problem wird** *(Z. 33);* **mit einer Person des Vertrauens ... sprechen** *(Z. 34–35).*
b) 1 = F   2 = C   3 = E   4 = B   5 = A   6 = D

3 a) 2
b) *Die Grafik ist ein* **Tortendiagramm** *und zeigt, dass* der Anteil der untergewichtigen Kinder am kleinsten und der der normalgewichtigen Kinder im Alter von 0–17 Jahren am größten ist.

4 (1) Kleidergröße null; (2) Woche voller Modeveranstaltungen; (3) koffeinhaltiges Erfrischungsgetränk mit null Kalorien; (4) Magersucht; (5) körperliches (und geistiges) Wohlbefinden; (6) Talentschau/-wettbewerb; (7) verehrtes Vorbild; (8) Maßstab für das Körpergewicht; (9) fettleibig, ungesund dick

5 a) M3; b) M1; c) M1; d) M3; e) M2; f) M3; g) M2; h) M2; i) M2

6 *Die Mind-Map könnte zum Beispiel so aussehen:*
Magersucht: – starke Gewichtsabnahme (M1, M2); – kaum Nahrungsaufnahme (M1, M2)
Rolle der Medien: – magersüchtige Models (M1 und M2); – Stars als Idole (M2)
Jungen: – Fitness (M2); – Sorge um die Figur (M2)
Body-Mass-Index: – Definition (M2); – Berechnung (M2); – Verteilung (M3)
Hilfe: – Vertrauensperson (M2); – Beratungsstellen (M2)

S.62 C Übungen

1 a) *Richtig ist folgende Zuordnung:*
b + 6 + M2, Z. 3–4   c + 2 + M2, Z. 10–12   d + 4 + M2, Z. 16–18   e + 5 + M2, Z. 19–23
f + 3 + M2, Z. 23–26   g + 1 + M2, Z. 27–30
b) *Fehlende Lösungen:* a + 7 + M2: 40 Mädchen und ca. zwölf Jungen finden sich zu dick.
            h + 8 + M1: 2006 starben zwei Models an den Folgen von Magersucht.

2 *Die Lösungen lauten (in dieser Reihenfolge):* 0 → 17 → 78,4 → normalgewichtig → 7,1 → 2,0 → stark untergewichtig → 5,1 → untergewichtig → 7,1 → 14,5 → übergewichtig → 6,0 → adipös.

3 a) M1, M2;   b) M1, M2;   c) M1, M2;   d) M2, M3;   e) M3;
f) M2, M3;   g) M1, M2;   h) M1, M2;   i) M2

4 a) + b) *Möglich wären beispielsweise folgende Verbindungen:*
   1. Magere **Idole** aus den **Medien** sind vermutlich eine Ursache des **Schlankheitswahns**, weil / solange sich **Jugendliche** an ihnen orientieren.
   2. Obwohl / Obgleich die **Mehrheit** der **Jugendlichen** noch **Normalgewicht** hat, ist die **Pubertät** für alle eine kritische Phase.
   3. Der Körper entwickelt sich anders als das **Schönheitsideal**, sodass Mädchen verstärkt unter **Druck** geraten.
   4. Topmodels der **Modebranche** haben nur Erfolg, wenn sie den **Schlankheitswahn** mitmachen, sodass die Modebranche in meinen Augen für die zunehmenden **Essstörungen** mitverantwortlich ist.
   5. Konfektionsgrößen wie **Size zero** und **Topmodels** mit einem **BMI** unter 19 sollten verboten werden, da solche Körpermaße auf Kosten der **Gesundheit** „erhungert" werden.
   6. Wenn nun zunehmend auch **Jungen** sich für ihre **Figur** und **Fitness** quälen, müssen nicht nur **Eltern** sich Sorgen machen, sondern wir alle.

▷ S. 64 **D Einen Schreibplan entwickeln**

1 *So könnte deine **Einleitung** aussehen:*

> Die Frage, ob Schönheit nur bedeutet, dem mageren Schönheitsideal entsprechen zu müssen, wird besonders nach dem Tod einiger Models in den Medien diskutiert. Wichtige Aspekte zu diesem Thema kann man beiden Texten sowie der Grafik entnehmen. Der erste Text, ein Lexikonartikel (M1) aus dem Magazin zur Süddeutschen Zeitung vom 29.12.2006, definiert die Bezeichnung Size zero, die der deutschen Konfektionsgröße 32 entspricht und dem Körperbau eines zwölfjährigen Mädchens angepasst ist. Seit 2006 setzte sich in der Modebranche diese Größe als „Standard" durch, was zu tödlichen Hungerkuren unter den ohnehin schon untergewichtigen Models geführt hat. Der zweite Text (M2), ein Zeitungsartikel mit der Überschrift „Ich bin zu dick" von Sandra Müller, entstammt der Internetseite www.helles-koepfchen.de. Er befasst sich mit dem Kampf Jugendlicher gegen ihren Körper und zeigt auf, dass sich vor allem Jugendliche vom gängigen Schlankheitsideal beeinflussen lassen. Dies zeigt sich an der zunehmenden Zahl von Essstörungen unter beiden Geschlechtern. Lebensbedrohlich ist dabei vor allem die Magersucht, die hier definiert wird. Die Grafik zum Körpergewicht von Kindern und Jugendlichen (M3) von der Homepage www.learn-line.nrw.de veranschaulicht schließlich die Verteilung normalgewichtiger, zu dicker und zu dünner Kinder zwischen 0 und 17 Jahren.

2 *Der **Hauptteil** könnte zum Beispiel so lauten:*

> Die beiden Texte liefern unterschiedliche Informationen zur Ausgangsfrage. Während M1 besonders das Phänomen des „Size-zero-Wahns" betont, d.h. das Bestreben vieler Models, ihren Körper durch Mangelernährung dieser Kleinstkonfektionsgröße anzupassen, weist M2 insbesondere auf die gesellschaftlichen Zusammenhänge zwischen Essstörungen und Magersucht hin. Magersucht ist eine echte Krankheit, bei der Betroffene immer weniger Nahrung zu sich nehmen und ihr Gewicht radikal reduzieren. Viele Magersüchtige halten sich auch völlig abgemagert noch für zu dick. Diese gestörte Körperwahrnehmung gehört zum Krankheitsbild. Von dieser Krankheit sind nicht nur Mädchen, sondern mehr und mehr Jungen betroffen, da auch sie dem gesellschaftlichen Fitness- und Körperkult unterliegen. Dabei üben besonders die Medien starken Druck auf die Jugendlichen aus, da sie mit ihrem Kult um extrem dünne Stars ein ungesundes Schönheitsideal als Quelle von Glück und Erfolg zur Norm erheben. Übereinstimmend verweisen M1 und M2 auf die gesundheitlichen Risiken des übertriebenen Schlankheitswahns. So gab es bereits zwei Todesfälle in der Modebranche. Auch der negative Einfluss der Modewelt auf Jugendliche, die mit ihren untergewichtigen Models und der neuen Konfektionsgröße ungesunde und widernatürliche Schönheitsideale verbreitet, wird in beiden Texten herausgestellt. Die Grafik M3 gibt Aufschluss darüber, dass die Mehrheit der Jugendlichen normalgewichtig ist und von insgesamt 7,1% der Risikogruppe Untergewichtiger nur 2% stark untergewichtig sind. Es ist also nur eine Minderheit an Magersucht erkrankt. Mit insgesamt 14,5 % sind etwa doppelt so viele Jugendliche zu dick, auch hier kann eine Essstörung vorliegen. Die statistischen Daten belegen zwar, dass die Mehrzahl der Jugendlichen ein normales Gewicht hat, dennoch sind Jugendliche in der Pubertät sehr gefährdet, an Essstörungen zu erkranken. Mit dem BMI (M2), einer Messgröße für das Gewicht, kann ein normales Körpergewicht rechnerisch ermittelt werden.

3 *Eine mögliche **Stellungnahme** wäre:*

> Ich meine, dass Schönheit in unserer Gesellschaft ein wichtiges Thema ist, da immer mehr Jugendliche dem Schönheitsideal der Medien entsprechen wollen. Obwohl die Mehrzahl der Jugendlichen ein gesundes Gewicht hat, tragen Zeitschriften, Werbung und Mode dazu bei, dass insbesondere Mädchen sich in der Pubertät zu dick finden und ihren schlanken Idolen nacheifern. Dass inzwischen sogar Jungen diesem Druck ausgesetzt sind und sich in Fitnessstudios für den „Waschbrettbauch" quälen, der ihnen in jedem Magazin präsentiert wird, halte ich für Beweis genug, dass die Medien zu dieser Entwicklung in erheblichem Ausmaß beitragen. Es ist verantwortungslos, Models und Stars durch solche „Standards" zu reinen Kleiderhaken zu machen, solange sich Jugendliche an ihnen orientieren. In meinen Augen ist die neue Konfektionsgröße Size zero als Schönheitsideal nicht nur lebensgefährlich, wie die Todesfälle unter den Topmodels zeigen, sondern auch gesellschaftlich hoch problematisch.

4 *Eine **Warnung** könnte sein:*

> Ich möchte daher insbesondere die Mädchen, aber auch die Jungen eindringlichen warnen: Neben den langfristigen gesundheitlichen Folgen vermindert eine Essstörung die Lebensqualität erheblich. Sie führt nicht zur Zufriedenheit, denn schön ist nur, wer gesund ist und sich in seiner Haut wohlfühlt.

*Ein **Wunsch** könnte wie folgt lauten:*

> Abschließend hoffe ich, dass die meisten Jugendlichen erkennen, dass die Idealbilder der Medien unmenschlich sind und sich die Lust am Essen dadurch nicht vermiesen lassen. Außerdem wünsche ich mir, dass die Medien und die Modebranche aus den Todesfällen Konsequenzen ziehen, bevor es weitere Opfer unter den Models (oder unter uns Jugendlichen) gibt.

Lösungsheft

S. 66 Welche Computerspiele gehören ins Kinderzimmer?
– Informationen aus Sachtexten bewerten

S. 67 A Die Aufgabe verstehen

1 Die Aussagen c, f und h treffen zu.

S. 68 B Erstes Textverständnis

1 Richtig sind folgende Zuordnungen: M1: 2, 4, 9, 14   M2: 5, 8, 10   M3: 1, 3, 11, 13   M4: 6
Falsch sind die Aussagen 7 und 12.

S. 68 C Übungen

1 Folgende Begriffe gehören in die Lücken (in dieser Reihenfolge): 2006 → normalen → Leerzeilen → Ganz oben → Geschlechtern → Altersstufen → Minuten → weiß nicht → 100 → 100 → bis zu 30 Minuten.

2 Die Lösung lautet (in dieser Reihenfolge): 16 % → 20 % → 11 % → 6 % → 9 % → 17 % → 25 %

3 a) Wesentliche Informationen sind: Computerspiele erfüllen Bedürfnisse (Überschrift); Spaßfaktor: selbst etwas bewirken (Z. 3); ein Mausklick riesige Ergebnisse (Z. 8); Neugierde (Z. 9); Spannungs- und Entspannungsverhältnis (Z. 12–13); wie beim Film identifiziert sich der Spieler mit der Hauptfigur (Z. 14); viel intensiver (Z. 15); Maß an Frust und Erfolg stimmt (Z. 21); Hauptperson glaubwürdig (Z. 21).
b) Spaßfaktor (Z. 3, 6); Neugierde (Z. 9); Bestseller (Z. 22); Vergleich mit Film (Z. 12–17); Vergleich mit Gesellschaftsspielen (Z. 5-8); Spannung (Z. 12 f.)

4 Zum Beispiel: Ich halte die Zusammenfassung von **Anne** für überzeugender, weil sie die wesentlichen Informationen aus M1 berücksichtigt, nichts ergänzt und nicht wie Fabian bewertet („leider").

5 a) Kinder nutzen den Computer am häufigsten, um Computerspiele zu spielen.
b) Die drei beliebtesten Spiele sind „Die Sims", „FIFA" und „Harry Potter".
c) Das Spiel „FIFA" wird fast ausschließlich von Jungen gespielt.
d) Das Spiel „Harry Potter" ist bei Jungen und Mädchen gleichermaßen populär.

6 A: Man fürchtet, dass Computerspiele die Gewaltbereitschaft erhöhen bzw. die Hemmschwelle senken.
B: Man vermutet, dass z. B. Ego-Shooter bestimmte Verhaltensweisen trainieren, die später u. U. auch in der Realität umgesetzt werden. Vielleicht trug der Spielkonsum des Schülers zu seiner Straftat bei.

7 Ego-Shooter beziehen ihre Handlung aus Simulationsspielen, die man für das Militär entwickelt hat, um die zutiefst menschliche Hemmung davor abzubauen, einen anderen Menschen zu töten.

8 a) M1, M2, M3   b) M1, M2   c) M1, M3   d) M2, M3   e) M1, M3   f) M1, M2   g) M1, M4

9 Hier sind verschiedene Antworten denkbar, z. B.: für die Schule lernen, Sport treiben, musizieren ...

10 Hier ist deine eigene Entscheidung gefragt, du solltest sie allerdings begründen können; z. B. für b):
1. Alter / Geschlecht   2. Art des Spiels   3. Lernwert

S. 71 D Einen Schreibplan erstellen

1 Die Lösungen heißen (in dieser Reihenfolge):
Materialien → Zeitungsartikel → Text → Balkendiagramm → KIM-Studie → Schlagzeilen

2 Du könntest die Einleitung folgendermaßen fortsetzen:

> In dem Zeitungsartikel M1 mit dem Titel „Computerspiele erfüllen viele Bedürfnisse" geht es um den Erfolg von Computerspielen. Dieser scheint entscheidend durch den Spaßfaktor, durch die Möglichkeit auf Erfolg, durch Neugier und Spannung bedingt zu sein. Computerspiele sind weniger als Gesellschaftsspiele von Glück und Zufall abhängig. Sie fesseln den Spieler wie ein spannender Film, allerdings nur, wenn „das Maß aus Frust und Erfolg stimmt" (Z. 21).
> Dem zweiten Text „Computerspiele: Top oder Flop?" (M2) liegt eine wissenschaftliche Untersuchung zum Medienumgang 6- bis 13-Jähriger in Deutschland aus dem Jahr 2006 zu Grunde, die so genannte KIM-Studie. Hier werden die Favoriten unter den Computerspielen benannt, auf Platz eins das Simulationsspiel „Die Sims", auf Platz zwei das Fußballspiel „FIFA" und auf Platz drei folgt dann „Harry Potter". Nur bei dem Sportspiel zeigen sich geschlechtsspezifische Unterschiede, denn „FIFA" ist in erster Linie unter Jungen beliebt.

Das vorliegende Balkendiagramm entstammt derselben Studie. Es stellt dar, wie lange Kinder an einem normalen Tag in etwa Computer spielen. Zunächst lässt sich dem Diagramm entnehmen, dass die Mehrzahl der Kinder, nämlich 51%, täglich „nur" 30 bis 60 Minuten Computer spielt. Unterscheidet man nach Geschlechtern, so fällt auf, dass Jungen grundsätzlich mehr Zeit vor dem Computer zubringen, 20% spielen täglich sogar mehr als eine Stunde. Bei den Mädchen sind es dagegen nur 11%, die so lange mit PC-Spielen verbringen. Bei Betrachtung der Altersstufen zeigen sich besonders im Spielzeitraum von mehr als 60 Minuten Auffälligkeiten: 6% der 6- bis 7-Jährigen spielen mehr als 60 Minuten täglich. Dies steigert sich mit zunehmendem Alter kontinuierlich bis auf 25% bei den 12- bis 13-Jährigen.
Die Schlagzeilen aus der Bildzeitung beschäftigen sich mit den negativen Folgen des Computerspielens. Die erste Schlagzeile wirft die Frage auf, ob „solche Spiele Kinder zu Killern" machen, die zweite Schlagzeile berichtet von einem Blutbad an einer Emsdettener Schule, das im Zusammenhang mit dem exzessiven Konsum des Ego-Shooters „Counter-Strike" gesehen wird.

3 a) *Hier gibt es keine richtige oder falsche Lösung; du kannst z. B. erst gute Gründe und Gefahren aufzeigen und dann auf Spielvorlieben und Spieldauer eingehen oder umgekehrt.*
b) *So könnte deine **Zusammenfassung** lauten:*

Die Materialien M1 und M2 zeigen, dass Computerspiele unter Kindern und Jugendlichen sehr beliebt sind, da sie deren Bedürfnis nach Spaß, Selbstbestätigung und Spannung erfüllen. Als deutlicher Favorit gilt unter Mädchen und Jungen zum Beispiel das Computerspiel „Die Sims". Ein solches Spiel kann die Mehrheit der 6- bis 13-Jährigen (51%) täglich 30-60 Minuten an den Computer fesseln.
Im Hinblick auf Spielvorlieben und Spieldauer gibt es allerdings durchaus Unterschiede zwischen den Geschlechtern, worauf M2 und M3 näher eingehen: Jungen spielen grundsätzlich länger am Computer als Mädchen es pro Tag tun. Konkret heißt das, dass 20% der 6- bis 13-jährigen Jungen über eine Stunde täglich mit Computerspielen verbringen, während nur 11% der Mädchen so lange vor dem Bildschirm verweilen. Dabei werden Sportspiele eher von Jungen bevorzugt. Simulationsspiele, bei denen aufeinander bezogenes Handeln und rücksichtsvolles Verhalten im Vordergrund stehen, werden überwiegend von Mädchen favorisiert. Beiden Geschlechtern gemeinsam ist, dass die Spieldauer mit zunehmendem Alter erheblich ansteigt (sie vervierfacht sich).
Im Material M4 wird deutlich, dass der intensive Konsum von bestimmten Spielen auch Gefahren birgt. Nicht nur friedliche Spiele wie „Harry Potter", sondern auch kriegerische Spiele wie „Counter-Strike" erfreuen sich unter Kindern und Jugendlichen immer größerer Beliebtheit. Unter ungünstigen Bedingungen droht für „Vielspieler" die Gefahr, dass sie sich zu stark mit ihren „Helden" identifizieren, dass ihre Gewaltbereitschaft steigt und sie die gelernten Verhaltensmuster in die Realität übertragen.

4 *Eine denkbare **Stellungnahme** ist:*

Da die Grafiken von Computerspielen inzwischen immer besser und die Handlungen immer ausgefeilter auf die Bedürfnisse der jungen Spieler abgestimmt werden, faszinieren Computerspiele Mädchen und Jungen aller Altersklassen – dies ist ein Trend, der sich zukünftig wohl noch verstärken wird. Als Elternteil würde ich Computerspiele daher wahrscheinlich nur mit Einschränkungen erlauben. Sie mögen ja einerseits einen hohen „Spaßfaktor" haben und dem Selbstbewusstsein guttun, können aber andererseits auch negative Folgen haben, wie etwa Bewegungsmangel, fehlende Zeit für Hausaufgaben oder andere sinnvolle Dinge. Wichtig wäre für mich auch, ob man bei einem Spiel etwas Sinnvolles lernen kann. Je nachdem, wie alt mein Kind wäre und welche Lieblingsspiele es hätte, würde ich dann von Fall zu Fall entscheiden, denn es hängt auch vom bisherigen Spielverhalten ab: So manchen Jungen müsste man wohl etwas bremsen. Ein Spiel sollte in jedem Fall dem jeweiligen Alter entsprechen. Dabei würde ich mich allerdings nicht allein auf die Altersempfehlung auf dem Spiel verlassen, sondern mich selbst von der „Unbedenklichkeit" des Spiels überzeugen. Gewalt verherrlichende Spiele, die auf dem Index stehen, gäbe es bei mir grundsätzlich nicht – und heimliches Spielen gäbe richtig Ärger.

▷ S. 71 **E Den eigenen Text überarbeiten**

1 *So könnte eine gelungene Überarbeitung aussehen:*

Als Elternteil würde ich Computerspiele **wahrscheinlich** nur **mit Einschränkung** erlauben, da nicht jedes Computerspiel für jede Altersklasse geeignet ist. Ein **Kriegsspiel** kann jüngere Kinder durchaus **zum Nachahmen** animieren, diese Gefahr sehe ich bei Jugendlichen aber nicht mehr. Sie können Spiel und **Wirklichkeit** gut unterscheiden. **Außerdem** sollten meiner Meinung nach nicht mehr als drei Stunden täglich vor dem Computer verbracht werden, sonst **schadet das den Augen.**

Punkteraster zur Selbsteinschätzung (Bewertung vgl. S. 20 in diesem Lösungsheft)

	Anforderung: Du ...	Punkte (max.)	deine Punkte
Aufgabe 1	... formulierst einen Einleitungssatz, in dem du die Anzahl und die Art der Materialien (Zeitungsartikel, Diagramm ...) nennst.	2	
	... nennst Titel und Quelle des jeweiligen Materials und gibst dessen wesentliche Aussagen knapp und genau wieder. **Mindestens** sollten für die jeweiligen Materialien folgende Aspekte benannt sein: – **M1:** Der Erfolg von PC-Spielen wird dadurch erklärt, dass sie das Bedürfnis nach Spaß und Spannung befriedigen, dass Entdeckergeist und Neugierde geweckt werden und Kinder eigene Erfolge unmittelbarer erleben als in klassischen Gesellschaftsspielen.	5	
	– **M2:** Rangfolge und Geschlechtervorlieben der drei Favoriten: 1. „Die Sims", 2. „FIFA" (eher Jungen), 3. „Harry Potter".	3	
	– **M3:** Der überwiegende Teil der 6- bis 13-Jährigen spielt 30–60 Minuten täglich am Computer, Jungen spielen mehr als Mädchen, mit zunehmendem Alter wird mehr gespielt.	3	
	– **M4:** Die Schlagzeilen/Zeitungsmeldungen thematisieren anlässlich aktueller Vorfälle die negativen Folgen von Computerspielen (wie z. B. erhöhte Gewaltbereitschaft, Ausprobieren in der Wirklichkeit), insbesondere von den so genannten „Ego-Shootern".	3	
		= 16	
Aufgabe 2	... gehst auf die Aspekte des Themas in einer sinnvollen Reihenfolge ein.	4	
	... hast mindestens fünf Aussagen aus Aufgabe 8 (Übung C) verwendet.	5 x 2	
	... stellst darüber hinaus zwischen den Materialien selbstständig Bezüge her (mindestens zwei insgesamt).	2 x 3	
		= 20	
Aufgabe 3	... hast dich entschieden und diese Entscheidung eindeutig formuliert (z. B. **grundsätzlich erlauben, mit Einschränkungen erlauben oder grundsätzlich verbieten**).	3	
	... begründest deine Entscheidung argumentativ unter Berücksichtigung von drei verschiedenen Aspekten (z. B. Spielart, Spieldauer, Alter).	3 x 3	
	... schätzt die Wünsche von Eltern angemessen ein und nennst mindestens zwei andere Möglichkeiten der Freizeitgestaltung, die sie vorziehen könnten.	2 x 3	
		= 18	
Darstellungsleistung:	... gliederst deinen Text in sinnvolle Abschnitte.	3	
	... verwendest in der Inhaltszusammenfassung und bei der Wiedergabe von Textaussagen durchgehend das Präsens.	2	
	... verwendest in der Stellungnahme den Konjunktiv oder die Umschreibung mit „würde".	2	
	... wechselst die Verben (z. B. **beschreibt, stellt dar, verdeutlicht bzw. ich finde, meiner Ansicht nach, ich bin der Auffassung**).	2	
	... variierst deine Satzanfänge (z. B. **zunächst, außerdem, abschließend**).	2	
	... zitierst in Anführungszeichen (z. B. die Titel der Materialien).	2	
	... vermeidest Umgangssprache (z. B. „etwas" statt „was", „ohnehin" statt „eh" usw.).	2	
	... verknüpfst Aussagen zu Satzgefügen durch geeignete Konjunktionen (z. B. **weil, damit, obwohl, sodass ...**).	2	
		= 17	
	Gesamtpunktzahl	= 71	

Lösungsheft

▷ S. 72 Vorbilder: „Helden des Alltags" – Für den Lernstandstest trainieren

▷ S. 73 Multiple-Choice-Aufgaben

1 d   **2** c

▷ S. 73 Richtig-Falsch-Aufgaben

3 Die Aussagen a und e stimmen mit dem Text überein.   **4** Die Aussagen b, d und f treffen zu.

▷ S. 74 Zuordnungsaufgaben

5 Zusammen gehören: a und 3   b und 4   c und 1   d und 5   e und 2

6 Zusammen gehören: a und 3   (b und 1)   c und 5   d und 2   e und 4

▷ S. 75 Kurzantworten

7 Am ehesten gibt das Schaubild **D** die Ergebnisse wieder. Begründung: Die Umfrage ergab, dass die Mehrheit der Befragten (274) Prominente als Vorbilder angegeben hat; die nächstkleinere Gruppe hatte keine Vorbilder (162).

▷ S. 76 Einsetzaufgaben

8 Die Lösungen lauten (in dieser Reihenfolge): Passanten → Prominente → Freunde → Chef → Vorbildfunktion → Werte → Vorbild → Persönlichkeiten → Menschen.

▷ S. 77 1. Bereich: Leseverstehen und Reflexion über Sprache

1 Zutreffend sind die Aussagen a und c.   **2** Zutreffend sind die Aussagen b und d.   **3** c

4 Alle vier Überschriften sind möglich: **A** stellt einen Bezug zu der ursprünglichen Sage her, ist aber sicher nicht ernst gemeint; **B** gibt das Geschehen sachlich wieder; **C** übt spöttisch Kritik, denn die Anführungszeichen deuten an, dass der Turner als Held nicht überzeugt; **D** übt auch Kritik an der Form, die modernes Heldentum annimmt.

6 Antwort c ist gemeint.

7 Zusammen gehören: a und 5   b und 3   c und 4   d und 1   e und 2

8 Auf das Gedicht treffen die Aussagen a, b, c und e zu, auf den Bericht die Aussagen a und d.

9 b) D trifft für alle Personen zu (Geschwister Scholl verfügen nicht über besondere Körperkräfte, Supermann ist keine Person, bei Michael Schuhmacher sind die höheren Ideale nicht ersichtlich).
c) Hier gibt es mehrere Möglichkeiten, z. B.: Für mich sind am ehesten die Geschwister Scholl wahre Helden, weil sie ihr Leben aufs Spiel gesetzt haben, um Widerstand gegen den Nationalsozialismus zu leisten. Ihr Handeln war mutig und entschlossen und sie haben einen hohen Preis für ihr Engagement gezahlt.

10 Die Verbformen in den Sätzen lauten jeweils korrekt im Konjunktiv II: versuchte, überzeugte, rettete, hülfe, käme, förderte, gäbe, griffe … ein; für die Hilfskonstruktion gilt „würde" mit Infinitiv (Ich würde versuchen usw.).

11 Der Text muss heißen: Wenn ich ein Held oder eine Heldin wäre, würde ich voller Begeisterung versuchen, den **vielen** armen Menschen auf der Welt ein besseres Leben zu ermöglichen. Ich ginge z. B. für längere Zeit nach Afrika, um dort für bessere **hygienische** Bedingungen und ein **gutes** Schulsystem zu sorgen. Das **Wichtigste** wäre aber, **dass** alle Menschen genug zu essen haben. Dafür würde ich an die **reichen** Länder der Welt **appellieren**, etwas von ihrem Vermögen abzugeben. Ich selbst gäbe auch die **Hälfte** meines Geldes ab. Wenn nicht alle nur den eigenen **Profit** im Auge hätten, nicht immer nur **konsumierten**, sondern auch abgeben würden, würde das viele vor dem **Verhungern** retten. Wenn ich dann aus Afrika zurückkäme, würde ich nach Indien aufbrechen, um dort den **Ärmsten** zu helfen.

12 Die Aussagen a und c treffen zu.

▷ S. 82 2. Bereich: Zuhören und verarbeiten

2 Folgende Geschehnisse haben sich ereignet: a und c.   **3** Folgende Aussagen treffen zu: a, b und c.

4 b) *Hier kannst du dich jeder Lösung anschließen, es kommt darauf an, was für dich „heldenhaftes Verhalten" ist. Für Dianas Auffassung spricht, dass das Öffnen der Tür zu einer brennenden Wohnung nicht ganz ungefährlich war; mit einer leichten Rauchvergiftung sind die Retter noch gut weggekommen. Für Alexanders Meinung spricht, dass nicht jeder den Mut gehabt hätte, so rasch und entschlossen zu handeln. Für Steffis Haltung spricht, dass sich die Retter tatsächlich geschützt haben, soweit es ihnen möglich war, denn sie sind nicht in die Wohnung gegangen, sondern haben nur gerufen und gewartet.*

5 *Beide Aussagen sind denkbar. Mögliche Lösungen:*
 a) Ja, ich kann die Wahl nachvollziehen, weil Kinder in der Tat oft sehr mutig sind, sie handeln ehrlich und aufrichtig. Daran könnte sich so mancher Erwachsene ein Vorbild nehmen.
 b) Nein, ich kann die Wahl nicht nachvollziehen, weil für mich zu (bewusstem) vorbildlichen Verhalten mehr dazugehört, als „unverdorben" zu sein – zumal es Vierjährige gibt, die echte Nervensägen sind.

6 *Folgende Aussagen sind richtig: a, c, d und f.*

7 *Rangfolge bei **Frauen**: 1. Orientierung/Inspiration (34 %), 3. Mut schöpfen (12,6 %), 4. Nacheifern (10,7 %) und bei **Männern**: 1. Inspiration (26,4 %), 2. Orientierung (24,4 %), 3. Mut schöpfen (15,3 %), 4. Nacheifern (8,8 %).*

3. Bereich: Schreiben

1 *Du kannst dich für jedes der vier Bilder entscheiden, es kommt hier darauf an, ob deine Begründung alle Kriterien berücksichtigt. Als mögliches Beispiel siehe Lösungsteil zu 4, Aufgabe 1 bis 3.*

4. Bereich: Texte überarbeiten

1 *So könnte deine Überarbeitung aussehen:*

> Meine Wahl ist auf ein anderes Bild gefallen, **weil** auf diesem Bild viel deutlicher wird, dass ein paar helfende Hände gebraucht werden, **die hier nirgends zu sehen sind**. Zwei davon hat jeder von uns und Gelegenheit zum Helfen gibt es auch jeden Tag. Der Augenblick, in dem die Frau mit dem großen Kinderwagen oben auf dem Treppenabsatz steht, **zeigt das sehr deutlich**. Die Mutter schaut so hilflos nach unten und fragt sich, wie sie ihr Baby samt Wagen heil **hinunterbefördert**, dass man eigentlich nicht tatenlos vorübergehen kann. Aber so etwas passiert sehr häufig, besonders an Bahnhöfen und U-Bahn-Eingängen: **Sie** muss dann Stufe für Stufe den Kinderwagen **heruntertragen**. Dabei wird das Kleine so heftig durchgerüttelt, dass es anfängt zu **weinen**. Niemand hilft einer Mutter von sich aus. Sie muss immer erst fragen – **das finde ich unmöglich!**

2 *Der korrigierte Text könnte wie folgt lauten:*

> Außerdem (R) erregt das Bild Aufmerksamkeit, **weil** die Treppe durch die ungewöhnliche Perspektive besonders hoch erscheint (Sb). Sie füllt das Bild fast zu zwei Dritteln, damit **zieht die Abbildung (W) Aufmerksamkeit auf sich (A)**. Das wird noch verstärkt, da der rosa Schal als einziger Farbfleck im Bild den Blick auf die junge Mutter lenkt, die sich schon beim Anblick (R) der Treppe den Schweiß (R) von der Stirn wischt. Als Überschrift zu diesem Foto (W) schlage ich „Helfende Hände? – Zwei davon gehören Ihnen" oder „Sie sind jeden Tag gefragt – helfende Hände!" vor. So ein Titel (W) spricht unsere Eltern, Mitschüler und Mitschülerinnen persönlich an, sodass (R) sie neugierig auf unsere Projektwoche werden.

3 *Folgende Fehler solltest du erkannt und verbessert haben:*

> Genau das wollen wir schließlich (R) erreichen: Sie werden kommen, um sich bei uns zu informieren (R), **weil** wir mit dem Plakat ihr Interesse geweckt **haben. (Sb)** Und im Schulhaus gibt es nicht nur **ziemlich viele** Treppen, sondern auch oft **schwer/reichlich/zahlreiche (W)** schwere Dinge zu **tragen (A)**. Obwohl es auch außerhalb der Schule Momente gibt, (Sb) **in denen** (A) jeder eine gute Tat tun kann.

Bewertungsschlüssel für diesen Lernstandstest:

73–100 Punkte (73–100 %)	59–72 Punkte (59–72 %)	45–58 Punkte (45–58 %)	0–44 Punkte (0–44 %)
Du liegst im sehr guten bis guten Bereich. Schau dir trotzdem noch einmal genau die Stellen an, an denen du dich noch verbessern kannst.	*Deine Leistungen sind durchschnittlich. Einiges gelingt dir schon ganz gut, trotzdem solltest du dir fehlerhafte Stellen noch einmal anschauen, um diese Aufgabenarten zu üben.*	*Deine Leistungen sind noch ausreichend. Überarbeite deine Ergebnisse noch einmal. Versuche, Fehlerschwerpunkte zu entdecken und diese gezielt zu beheben.*	*Du hast in vielen Bereichen noch Schwierigkeiten. Sprich mit deiner Lehrerin/deinem Lehrer darüber, wo deine Fehlerschwerpunkte liegen und wie du sie gezielt verbessern kannst.*

Lösungsheft

Punkteraster zur Selbsteinschätzung (Bewertungsschlüssel siehe vorige Seite)

Nr.	Aufgabenstellung / Lösung	max. Punkte	deine Punkte
▷ S. 77	**1. Leseverstehen und Reflexion über Sprache (ab S. 77)**		
1	0,5 Punkte für jedes richtig gesetzte Kreuz.	2	
2	0,5 Punkte für jedes richtig gesetzte Kreuz.	2	
3	1 Punkt für das richtig gesetzte Kreuz.	1	
4	4 Punkte für eine Begründung, die auf alle vier Überschriften eingeht.	4	
6	1 Punkt für das richtig gesetzte Kreuz.	1	
7	0,5 Punkte für jede richtig markierte Verbindungslinie.	2,5	
8	0,5 Punkte für jedes richtig gesetzte Kreuz pro Spalte.	3	
9 b)	0,5 Punkte für jedes richtige Kreuz.	2	
9 c)	3 Punkte für eine sinnvolle Begründung, die auf alle drei Beispiele Bezug nimmt.	3	
10	0,5 Punkte für jeden Satz mit korrekt gebildeter Verbform.	4	
11	0,5 Punkte für jeden erkannten Fehler, 0,5 Punkte für jede richtige Korrektur.	12	
12	0,5 Punkte für jedes richtig gesetzte Kreuz.	2	
		= 39,5	
▷ S. 82	**2. Zuhören und verarbeiten (ab S. 82)**		
2	0,5 Punkte für jedes richtig gesetzte Kreuz.	2	
3	0,5 Punkte für jedes richtig gesetzte Kreuz.	2	
4 b)	3 Punkte für eine Begründung, die auf alle drei Beispiele Bezug nimmt.	3	
5	3 Punkte für eine Lösung mit Bezug auf den Text und kurzer Begründung.	3	
6	0,5 Punkte für jedes richtig gesetzte Kreuz.	3	
7	0,5 Punkte für den richtigen Platz in der Rangfolge (eine Lösung ist vorgegeben).	3,5	
8	4 Pkte für eine Begründung, die das Vorbild (1 Punkt) und drei Kriterien nennt.	4	
		= 20,5	
▷ S. 85	**3. Schreiben (ab S. 85)**		
Einleitung	Du formulierst eine **Einleitung**, in der du das übergreifende Thema sowie das **Bild deiner Wahl** nennst und es kurz beschreibst.	3	
Mittelteil	Du **begründest** deine Entscheidung ausführlich, indem du ...		
	– deutlich machst, **wodurch es bei Passanten Aufmerksamkeit erregt**,	2	
	– zeigst, **warum es geeignet** ist, alle genannten Adressaten anzusprechen,	2	
	– **eine geeignete Überschrift für** das Bild (er-)findest und	2	
	– den Appellcharakter des Bildes **herausarbeitest (wozu fordert es auf** und wie geschieht das?).	2	
Schluss	Du fasst deine Argumente kurz in einem **Fazit** (Schlussurteil) zusammen.	1	
Darstellungsleistung	In deiner Begründung ...		
	– benutzt du grundsätzlich das **Präsens**.	1	
	– verwendest du durchgängig Standardsprache **und** keine Umgangssprache.	1	
	– machst du gedankliche **Zusammenhänge klar**, indem du einleitend jeweils entsprechende Redewendungen („Dafür spricht außerdem, dass ...") verwendest.	1	
	– verknüpfst du die Sätze durch Konjunktionen wie „denn", „sodass", „obwohl", „indem" und Adverbien wie „zudem", „deswegen" usw.	1	
		= 16	
▷ S. 86	**4. Texte überarbeiten (ab S. 86)**		
1	0,5 Punkte für jeden korrigierten Fehler (Wiederholungen zählen einfach).	8	
2	0,5 Punkte für jeden richtig bezeichneten sowie korrigierten Fehler.	5	
3	1 Punkt für jeden allein erkannten und korrekt korrigierten Fehler.	7	
4	*Hier kannst du dir – je nach Fehlerzahl – bis zu vier Punkte anrechnen:* 0–1 Fehler = 4 P.; 2–4 Fehler = 3 P.; 5–8 Fehler = 2 P.; 9–13 Fehler = 1 P.; 14 Fehler und mehr = 0 P.	4	
	Gesamt:	= 24	
	Gesamtpunktzahl:	100	

Deutschbuch 8

Trainingsheft für Klassenarbeiten und Lernstandstests

Real- und Gesamtschule Nordrhein-Westfalen

Herausgegeben von
Bernd Schurf und Andrea Wagener

Erarbeitet von
Friedrich Dick, Ute Fenske,
Josi Ferrante-Heidl, Marlene Koppers,
Heinz Gierlich, Cordula Grunow,
Markus Langner, Andrea Mevissen,
Norbert Pabelick, Natascha Rompé-Schlösser,
Bianca Weber

Inhaltsverzeichnis

Wie du mit diesem Heft für Klassenarbeiten und den Lernstandstest trainieren kannst 3

SCHREIBEN

Projektwoche – Einen Bericht für eine Lokalzeitung schreiben 6
Aufgabentyp 2

UNICEF – Einen Hintergrundbericht für ein Portfolio verfassen 10
Aufgabentyp 2

Spielend Toleranz üben: Fördert Sport die Integration? – Einen Leserbrief schreiben 16
Aufgabentyp 3

PRODUKTIONSORIENTIERTES SCHREIBEN

Wolfgang Bittner: Der Überfall – Einen Tagebucheintrag verfassen 22
Aufgabentyp 6

Banana Yoshimoto: Tsugumi – Einen Dialog fortsetzen 28
Aufgabentyp 6

NACHDENKEN ÜBER SPRACHE

„Das Buch fand ich echt cool" – Eine Buchempfehlung überarbeiten 34
Aufgabentyp 5

UMGANG MIT TEXTEN UND MEDIEN

Christian Buß: Wenn der Mullah-Wecker rappelt ... – Einen medialen Text analysieren 40
Aufgabentyp 4a

Willi Fährmann: Die letzte Fähre – Eine Erzählung analysieren 46
Aufgabentyp 4a

Ludwig Jacobowski: Großstadt-Lärm – Ein Gedicht analysieren 52
Aufgabentyp 4a

Schlankheitswahnsinn: Heißt schön sein, mager sein? –
Zu Sachtexten Stellung nehmen 58
Aufgabentyp 4b

Welche Computerspiele gehören ins Kinderzimmer? –
Informationen aus Sachtexten bewerten 66
Aufgabentyp 4b

LERNSTANDSERHEBUNG

Vorbilder: „Helden des Alltags" – Für den Lernstandstest trainieren 72
Aufgabenformate kennen lernen

Mit dem beigefügten Lösungsheft kannst du deine Ergebnisse selbst überprüfen.

Wie du mit diesem Heft für Klassenarbeiten und den Lernstandstest trainieren kannst

Liebe Schülerin, lieber Schüler,

mit diesem Trainer kannst du dich gezielt vorbereiten, und zwar auf die **fünf Klassenarbeiten** und die **Lernstandserhebung** (LSE) im Fach Deutsch am Ende der 8. Klasse. Alle Kapitel sind in fünf Schritten aufgebaut. Dieser „rote Faden" hilft dir dabei, die Aufgabenstellung zu verstehen, die nötigen Teilaufgaben erfolgreich zu lösen und deinen zusammenhängenden Text zu überarbeiten:

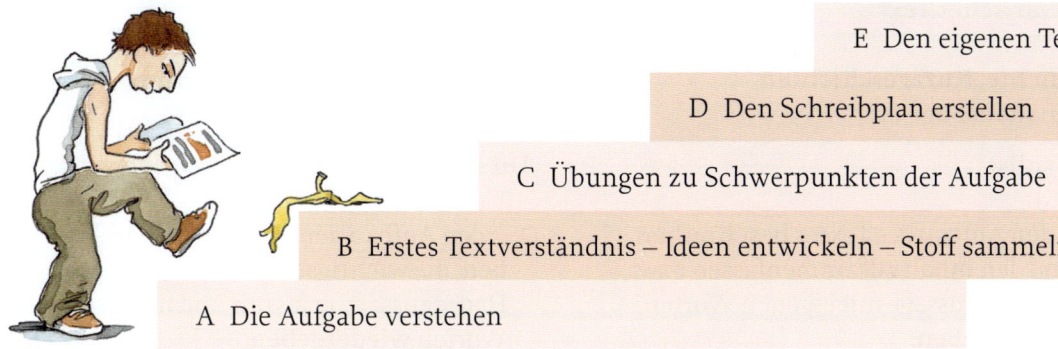

- E Den eigenen Text überarbeiten
- D Den Schreibplan erstellen
- C Übungen zu Schwerpunkten der Aufgabe
- B Erstes Textverständnis – Ideen entwickeln – Stoff sammeln
- A Die Aufgabe verstehen

Mit dem eingelegten Lösungsheft kannst du jeden Arbeitsschritt kontrollieren, bevor du weiterarbeitest.

Klassenarbeiten vorbereiten – Aufgabentypen erkennen

1 *Finde mit Hilfe der Übersicht heraus, um welchen Aufgabentyp es in der nächsten Klassenarbeit gehen wird. Wenn du dir nicht sicher bist, frage deine Lehrerin oder deinen Lehrer. Mach dich mit den Arbeitsschritten A bis E vertraut und bearbeite anschließend das jeweilige Kapitel.*

Aufgabentyp	Erläuterungen und Beispiele	Kapitel
2 Auf der Basis von Materialien sachlich berichten und beschreiben:	Hier sollst du einen Text verfassen, der über ein bestimmtes Thema oder Ereignis zusammenhängend, sachlich und kurz informiert (z. B. Bericht für ein Portfolio oder die Zeitung).	Seite 6–9 Seite 10–15
3 Eine Argumentation zu einem Sachverhalt verfassen:	Dieser Aufgabentyp erfordert, dass du zu einem Sachverhalt deine Meinung darstellst und begründest, z. B. in Form eines Leserbriefs oder einer kurzen Stellungnahme.	Seite 16–21
4a Einen Sachtext oder medialen Text analysieren, einen literarischen Text untersuchen und bewerten:	Hier geht es darum, verschiedene Aspekte eines Sachtextes genau zu untersuchen (z. B. Zeitungsartikel, Kommentar). Bei einem literarischen Text (Romanauszug, Erzählung, Gedicht) geht es außerdem um Wirkung und Deutung des Textes.	Seite 40–45 Seite 46–51 Seite 52–57
4b Aus verschiedenen Texten Informationen entnehmen, diese Informationen in Beziehung setzen, deuten und bewerten:	Mit Hilfe von Fragen sollst du mehrere Texte zu einem Thema auswerten: Wo stimmen die Texte überein, wo gibt es Unterschiede? Oft handelt es sich um Sachtexte zu einem Thema (Lexikonartikel, Fachartikel, Diagramme, Tabellen), zu dem du zuletzt Stellung nehmen sollst.	Seite 58–65 Seite 66–71
5 Einen vorgegebenen Text überarbeiten:	Bei diesem Aufgabentyp sollst du einen fehlerhaften Text (z. B. eine misslungene Buchempfehlung) nach vorgegebenen Schwerpunkten (z. B. Ausdruck, Satzbau, Rechtschreibung) überarbeiten.	Seite 34–39
6 Einen literarischen Text verstehen und kreativ umgestalten:	Dieser Aufgabentyp verlangt, dass du dich intensiv mit einem literarischen Text auseinandersetzt, indem du z. B. zu einem Ereignis einen Tagebucheintrag aus Sicht einer bestimmten Figur verfasst, ein Streitgespräch aus dem Text fortsetzt o. Ä.	Seite 22–27 Seite 28–33

Die Aufgabenstellung genau lesen – Operatoren erkennen

2 *Lies die Aufgabenstellung in der Klassenarbeit oder in der Lernstandserhebung aufmerksam durch und mache dir klar, was sie verlangt. Nicht alle Aufforderungen sind so eindeutig wie: „Kreuze die **falsche** Antwort an." oder „Beschreibe den Aufbau des Textes."*

3 *Verschaffe dir anhand der folgenden Tabelle einen Überblick über wichtige Anforderungen (so genannte Operatoren, wie z. B. interpretiere, analysiere, bewerte …), die in den verschiedenen Aufgabentypen erwartet werden. Diese Teilanforderungen werden meistens ausdrücklich erwähnt.*

	Literarischer Text	Sachtext
	Gedichte, Kurzgeschichten, Romanauszüge etc.	Zeitungsartikel, Lexikoneinträge, Diagramme etc.
	Du sollst …	Du sollst …
analysieren und interpretieren	☐ … den Aufbau des Textes **beschreiben** und den Inhalt zusammenfassen bzw. die Kernaussage mit eigenen Worten **wiedergeben**. ☐ … mögliche Deutungen des Textes **entwickeln**, formulieren und in größere Zusammenhänge **einordnen** können (z. B. geschichtliche Hintergründe). ☐ … den Text auf typische Merkmale der Gattung **untersuchen** und deren Wirkung an geeigneten Beispielen **darstellen**. ☐ … Aussagen des Textes **bewerten** und die eigene Meinung mit Hilfe von geeigneten Zitaten **begründen**.	☐ … den Aufbau der Materialien **beschreiben**, die wichtigsten Gedanken bzw. die Hauptaussage **erfassen** und mit eigenen Worten **wiedergeben**. ☐ … wichtige Informationen aus den jeweiligen Texten **zusammenfassen**, **vergleichen** und **bewerten**. ☐ … die äußere Form und Sprache **untersuchen** und deren Wirkung an geeigneten Beispielen **darstellen**. ☐ … Aussagen des Textes **bewerten** und den eigenen Standpunkt mit Hilfe von geeigneten Zitaten **begründen**.
erörtern	☐ … den Aufbau einer Argumentation erkennen und **zusammenfassen**. ☐ … Argumente und Beispiele sammeln, **nennen** und Thesen **entwickeln**. ☐ … Argumente **prüfen, d. h.** dich mit ihnen **auseinandersetzen** und sie **bewerten**. ☐ … Argumente **in Beziehung setzen** und zu einer Argumentationskette verknüpfen. ☐ … selbst eine überzeugend gegliederte Argumentation **entwerfen** und **verfassen**. ☐ … selbst zu einem Text oder Sachverhalt kritisch **Stellung nehmen**.	

4 *Besorge dir eine vollständige Liste der Operatoren bei deiner Lehrerin/deinem Lehrer oder informiere dich selbstständig im Internet unter: http://wiki.zum.de/Operatoren_(Deutsch)*

5 *Arbeite mit den Operatoren. Lege dir z. B. von jedem Operator eine Karteikarte an. Notiere auf der Rückseite in deinen eigenen Worten, was sie bedeuten, und finde Beispiele oder Symbole dafür.*

6 *Schau dir außerdem deine letzten Klassenarbeiten gründlich an. Welche Anforderungen konntest du erfüllen? An welchen musst du noch arbeiten?*

Lernstandserhebung im Fach Deutsch

Durchführung

Der Lernstandstest dauert voraussichtlich zwei Schulstunden (**90 Minuten**) und prüft, welche Fähigkeiten und Kompetenzen du im Fach Deutsch **langfristig** erworben hast; er testet nicht, was du in den letzten Unterrichtsstunden gelernt hast. Die Lernstandserhebung kann **benotet** werden und fließt dann auch in die **Zeugnisnote** mit ein. Inhaltlich bewegen sich die Aufgaben der Lernstandserhebung meist im Rahmen eines vorgegebenen Themas (z. B. Wege zum Glück, Engagement für andere o. Ä.).

1 *Informiere dich im Internet über Termine und Zeitplan:*
   www.standardsicherung.schulministerium.nrw.de/lernstand8/termine-und-zeitplan

2 *Orientiere dich dabei an den bisherigen Prüfungen (Themen und Aufgabenbeispielen):*

☐ Aufgabenbeispiele der bisher durchgeführten Lernstandserhebungen findest du unter folgendem Link:
   www.standardsicherung.schulministerium.nrw.de/lernstand8/testmaterialien

☐ Es werden jährlich wechselnde Teilleistungsbereiche abgeprüft, z. B. für Deutsch im Jahr 2008:
   • Leseverstehen (Aufgabentyp 4a oder 4b)
   • Schreiben (Aufgabentyp 2 oder 3)

☐ Weitere Teilleistungsbereiche können sein:
   • Zuhören und verarbeiten (vgl. Testkapitel, S. 82–83)
   • Texte überarbeiten (vgl. Testkapitel, S. 86–87)
   • Über Sprache reflektieren (Augabentyp 5)

☐ Achtung: Die Sprachreflexion kann auch in einem der anderen Teilbereiche integriert sein.

3 *In diesem Trainer findest du im letzten Kapitel zu **allen Teilbereichen** Übungen und Tipps. Bereite dich damit gezielt auf die typischen Aufgabenformate des Lernstandstests vor, damit du in der Prüfung sofort weißt, was zu tun ist.*

Bewertung / Selbsteinschätzung

4 *Verschaffe dir bei deiner Lehrerin / deinem Lehrer Klarheit über die Punkteverteilung, sodass du dir deine Zeit im Test sinnvoll einteilen kannst. Damit du dein Ergebnis besser einschätzen kannst, haben wir für den Test in diesem Heft ein Punkteraster entwickelt. Du findest es auf der letzten Seite im Lösungsteil.*

Im Lösungsheft findest du außerdem Vorschläge und Lösungen zu allen Arbeitsschritten sowie ein Beispiel für eine mustergültige Klassenarbeit bzw. Punkteraster zur Selbsteinschätzung für jeden Aufgabentyp.

Vorbereitung

5 *Bereite dich rechtzeitig und gründlich vor, das gibt dir Sicherheit und sorgt in der Prüfung selbst für einen klaren Kopf. Nutze dazu alle Möglichkeiten, die dieser Trainer dir bietet, z. B. auch die **Umschlagseiten** vorn und hinten und **die Umschlagklappe** (U 2 – U 5): Sie enthalten wichtige **Regeln**, **Arbeitstechniken** sowie **Tipps und Tricks** für deinen Erfolg in allen Prüfungen.*

Viel Erfolg bei deiner Vorbereitung – und viel Glück!

SCHREIBEN

Projektwoche –
Einen Bericht für eine Lokalzeitung schreiben

> Vom 25.–29. Juni fand an der Heinrich-Heine-Schule in Bochum eine Projektwoche zum Thema „Ohne Gewalt stark" statt. **Verfasse mit Hilfe der** folgenden **Rückmeldungen,** die während und nach der Woche geäußert wurden, **einen Bericht über die Projektwoche für die Lokalzeitung.**

Kemal, 11. Klasse: Jeder konnte sich für zwei Workshops anmelden, das war gut. Und es war für jeden was dabei: z. B. Mobbing – *Wie kann ich mich ohne Gewalt wehren?, Streitschlichterausbildung, Meditativer Kampfsport, Fair streiten, Offen sein – ohne Beleidigungen, Selbstverteidigung für Mädchen.*

5 **Anna, 9. Klasse:** Ich habe mich für das Streitschlichterprogramm entschieden. Ich finde es gut, Methoden und Strategien zu kennen, um Streithähne ohne Gewalt zu versöhnen.

Felix, 8. Klasse: Die Projektwoche ist echt cool. Wir lernen 'ne Menge darüber, wie Gewalt entsteht und wie man sie vermeiden kann. Die Idee, dass jeder eine Vereinbarung unterschreiben soll und sich damit verpflichtet, bei Gewalt wie Mobbing oder Erpressung nicht
10 wegzuschauen, sondern etwas zu unternehmen, finde ich klasse. Ich bin dabei!

Hausmeister Lehmann: Meine Güte, war das eine anstrengende Woche, ich bin kaum zur Ruhe gekommen! Gut war, dass ich die Polizisten dazu befragen konnte, wie ich vorgehen muss, wenn ich einen Einbruch in der Schule bemerke oder hier jemand unrechtmäßig parkt.

15 **Direktor Obrist:** Anlass der Projektwoche vom 25.–29. Juni war eine Prügelei auf dem Schulhof im Frühsommer, bei der ein Schüler eine gebrochene Nase zurückbehielt. Bei Gesprächen mit Kollegen und Schülern stellte sich heraus, dass weitere verbale und körperliche Gewaltübergriffe auf dem Schulgelände nach wie vor an der Tagesordnung sind. Gemeinsam wollten wir etwas unternehmen. Die Präsentation der Ergebnisse soll auf dem
20 Schulfest vor den Sommerferien, am 20. Juli, in unserer Aula stattfinden.

Polizist Eschbach: Die Schülerinnen und Schüler an der Heinrich-Heine-Schule in Bochum waren sehr motiviert und interessiert an der Thematik. Viele sind selbst bereits Opfer von Gewalt geworden, angefangen von Beschimpfungen über Ohrfeigen bis hin zu Prügeleien. Unser Ziel war es, gemeinsam mit den Schülerinnen und Schülern die Gewalt an ihrer
25 Schule zu verhindern oder zumindest zu vermindern. Die Vereinbarung zur Gewaltverhinderung, die übrigens eine Idee der Schüler war, haben gestern alle unterschrieben. Das hätte ich nicht gedacht!

Lehrerin Frau Nölle: Ich bin richtig überrascht, wie engagiert unsere Schüler während der Projektwoche sind. Obwohl sie von 8.00–12.30 Uhr in verschiedenen Workshops mitarbei-
30 ten, finden viele nachmittags noch Zeit, verschiedene Veranstaltungen und Vorträge zum Thema „Gewalt" zu besuchen. Allerdings hätte ich mich auch gefreut, wenn die Projektwoche zum Thema „Bücher der Welt" stattgefunden hätte. Na ja, vielleicht im nächsten Jahr.

A Die Aufgabe verstehen

1 *Kreuze an. Du sollst …*

a) ☐ … über „Gewalt in der Schule" berichten.

b) ☐ … ein vergangenes Ereignis ausführlich nacherzählen.

c) ☐ … die Kommentare zusammenfassen.

d) ☐ … die Kommentare als Grundlage für einen Bericht verwenden.

Aufgabentyp 2 – Einen informativen Text verfassen

B Stoff sammeln

Vorwissen aktivieren

1 *Welche Aufgabe hat dieser Bericht? Kreuze die richtige Antwort an. Dein Bericht soll …*

a) ☐ … für die Veranstaltung werben. c) ☐ … über das Ereignis informieren.
b) ☐ … Fakten und Hintergründe erörtern. d) ☐ … die Veranstaltung beschreiben.

2 *Welche W-Fragen solltest du beantworten, wenn du über ein Ereignis wie dieses berichtest? Notiere sie hier:*

Wer?, … _____

3 *Lies nun die einzelnen Kommentare zur Projektwoche „Ohne Gewalt stark" aufmerksam durch. Welcher Kommentar ist für den Bericht über das Ereignis nicht brauchbar? Begründe.*

Die Äußerung von _____ ist nicht brauchbar, weil _____

_____ .

4 *Unterstreiche die Informationen aus den übrigen Kommentaren, die deiner Meinung nach in den Bericht gehören. Notiere am Rand die Frage aus Aufgabe 2, die jeweils beantwortet wird. Nutze gegebenenfalls verschiedene Farben.*

C Übungen

Die Textsorte beachten

1 *Was weißt du über Berichte? Ordne zu: Welche der folgenden Aussagen bezieht sich auf einen Bericht über ein Ereignis, welche auf einen Bericht über Hintergründe? Kreuze an. Die Umschlagseite vorn (U 2) hilft dir.*

	Hintergrund	Ereignis
a) Im Präteritum wird über etwas Vergangenes berichtet.	☐	☐
b) Es geht um Fakten und Daten, daher wird Präsens benutzt.	☐	☐
c) Ablauf, Ursachen und Folgen werden im Bericht genannt.	☐	☐
d) Zusammenhänge rund um ein Thema sind hier wesentlich.	☐	☐

2 *Streiche durch, was zu deinem Bericht nicht passt.*

> sachliche Informationen – wertende Beschreibungen – spannender Höhepunkt – geordnete Reihenfolge – Vermutungen – ausschmückende Adjektive – wichtige Fakten und Personen – persönliche Kommentare

3 a) *Lies den folgenden Anfang eines Berichts. Überarbeite ihn, indem du Überflüssiges streichst.*
b) *Markiere die Stellen, die du verändern möchtest und schreibe eine überarbeitete Version ins Heft. Denke dabei auch an eine aussagekräftige und informative Überschrift.*

> Projektwoche an der Heinrich-Heine-Schule
> Die fleißigen Lehrer und Schüler der Heinrich-Heine-Schule führten (wie von der Mehrheit der Lehrerkonferenz am 04.09.2006 beschlossen) in der Woche vom 25.–29.6.2007 eine ziemlich coole Projektwoche zu dem aktuellen Thema „Ohne Gewalt stark" durch. Der Gegenvorschlag, eine Projektwoche zum Thema „Bücher der Welt", wurde leider niedergeschlagen. Man durfte zwischen echt attraktiven Workshops wie z. B. „Mobbing" oder „Selbstverteidigung für Mädchen" wählen, die ich auch gerne genommen hätte, aber ich war bereits für die Streitschlichterausbildung angemeldet. Die Workshops fanden übrigens von 8.00 – 12.30 Uhr statt.

Aufgabentyp 2 – Einen informativen Text verfassen

Auf das Tempus achten

TIPP
Vergangene Ereignisse stehen oft im **Präteritum,** ein davor liegendes Geschehen im Plusquamperfekt.

4 a) Verbinde diejenigen Sätze durch Linien miteinander, die inhaltlich zusammengehören.
b) Setze mit Hilfe des Tipps die richtige Zeit ein. Notiere die vollständigen Sätze in deinem Heft.

Anna **konnte** Streit besser schlichten, **nachdem** sie den Workshop besucht hatte.

(1) Die Heinrich-Heine-Schule führt eine Projektwoche zum Thema „Ohne Gewalt stark" durch.

(2) Die Polizei freut sich über die Motivation der Schülerinnen und Schüler.

(3) Die Schülerinnen und Schüler wählten zunächst ihre Kurse.

nachdem

a) Viele Kursteilnehmer arbeiten konzentriert und leisten Beachtliches.

b) Es waren zuvor auf dem Schulgelände gehäuft Gewalttaten aufgetreten.

c) Sie veranstaltete zuvor nur einen Workshop an einer Schule der Region.

Wörtliche Rede wiedergeben

5 In Berichten wird nur selten direkte Rede zitiert. Formuliere die folgenden Aussagen in indirekte Rede um. Benutze dabei die korrekten Konjunktiv-Formen, wie im folgenden Beispiel.

> Direktor: „Dieses Thema ist *mir* wichtig." → Er betonte, dass *ihm* das Thema wichtig sei. (Konj. I)
> Sina: „*Wir* alle haben viel dazu gelernt." → Sie fand, dass *sie* alle viel dazu gelernt hätten. (Konj. II)

a) Lennart: „Als Klassensprecher werde ich ab jetzt eingreifen, wenn ich Mobbing bemerke."

_____

_____

b) Herr Munter: „Es hat mich gefreut, dass alle Beteiligten mit Feuereifer bei der Sache waren."

_____

_____

6 Formuliere folgende Zitate in deinem Heft um, indem du dich vom Wortlaut löst und sie sinngemäß wiedergibst.

Simon staunt: „Ich wusste gar nicht, dass es so viele unterschiedliche Arten von Gewalt gibt."

z. B. Simon war erstaunt darüber, wie viele Formen Gewalt annehmen kann.

a) Martin: „Ich bin mal erpresst worden und hab mich nicht getraut, etwas zu sagen. Heute würde ich um Hilfe bitten."

b) Pauline meint: „Es sollte an jeder Schule eine Projektwoche zum Thema ‚Gewalt' geben!"

Aufgabentyp 2 – Einen informativen Text verfassen

D Den Schreibplan erstellen

1 a) *Welche W-Fragen sollten in der Einleitung, im Hauptteil oder am Schluss beantwortet werden? Ordne die Fragen an geeigneter Stelle in der Tabelle ein (mittlere Spalte).*

Wer war beteiligt? – Wie geschah es? – Wann geschah es? – Warum geschah es? – Wo geschah es? – Was ist geschehen? – Welche Folgen hatte das Geschehen?

Gliederung	W-Fragen	Antworten
Einleitung		
Hauptteil		
Schluss		

b) *Ergänze stichpunktartig die Antworten. Nutze dazu deine Randnotizen und Markierungen.*

2 *Formuliere nun deine Ergebnisse zu einem Zeitungsbericht um. Vergiss die Überschrift nicht.*

E Den Text überarbeiten

1 *Lies den folgenden Entwurf für einen Bericht. Markiere sprachliche Mängel und Auffälligkeiten.*

> „Ohne Gewalt stark" – eine Projektwoche an der Heinrich-Heine-Schule
> Die Lehrer und Schüler der Heinrich-Heine-Schule führten in der Woche vom 25.–29. 6. 2007 eine Projektwoche zu dem topaktuellen Thema „Ohne Gewalt stark" durch. Die Schülerinnen und Schüler durften zwischen spannenden Workshops wie z. B. „Mobbing" oder „Selbstverteidigung für Mädchen" wählen. „Die Schülerinnen und Schüler waren hoch motiviert und opferten sogar ihre Nachmittage für Veranstaltungen", sagte eine Lehrerin. „Die Schülerinnen und Schüler sind oft bereits selbst Opfer von Gewalt gewesen", sagte der Direktor als Begründung für das Projekt.

2 *Überarbeite den Text in deinem Heft: Stelle Sätze um oder formuliere sie mit Hilfe von Konjunktionen neu (z. B. während, ebenfalls, nachdem, weil …). Achte auch auf Tempuswahl und Art der Redewiedergabe.*

3 *Prüfe mit Hilfe der folgenden Checkliste, welche Aspekte deines eigenen Textes du überarbeiten solltest.*

✓ Checkliste „Ereignisbericht"

Hast du …

- ☐ … eine aussagekräftige und informative Überschrift gewählt?
- ☐ … Präteritum bzw. Plusquamperfekt benutzt?
- ☐ … wertende Kommentare vermieden?
- ☐ … überflüssige Informationen gestrichen?
- ☐ … Zitate durch indirekte Rede oder sinngemäß wiedergegeben?
- ☐ … im Bericht alle W-Fragen beantwortet?
- ☐ … einen abwechslungsreichen Satzbau verwendet?
- ☐ … Rechtschreibung und Zeichensetzung überprüft?

SCHREIBEN

UNICEF –
Einen Hintergrundbericht für ein Portfolio verfassen

Verfasse auf der Grundlage des Textes einen Hintergrundbericht über die UNICEF für ein Portfolio zum Thema „Hilfsorganisationen".

UNICEF (= United Nations International Children's Emergency Fund)

Zielgruppe: Kinder in …
Aufgaben:
1.
2.
…

UNICEF, das Kinderhilfswerk der Vereinten Nationen, hilft Kindern in den Entwicklungsländern und Krisengebieten. UNICEF sorgt dafür, dass Kinder in die Schule gehen können, medizinisch betreut werden, sauberes Trinkwasser erhalten sowie eine ausreichende Ernährung. UNICEF setzt sich weltweit ein, um Kinder vor Ausbeutung und Missbrauch zu schützen.
UNICEF ist die einzige UN-Organisation, in der die Bevölkerung aktiv mitarbeiten kann: durch ehrenamtliche Tätigkeit in den Arbeitsgruppen, durch Informations- und Öffentlichkeitsarbeit und den Verkauf der UNICEF-Grußkarten.
UNICEF versteht sich als Anwalt der Kinder dieser Welt und arbeitet dafür, dass ihre Rechte in allen Ländern der Erde verwirklicht werden.

Kinderrechte sind Menschenrechte

Kinder haben Rechte! Das Recht auf Überleben zum Beispiel, auf eine Schulbildung, aber auch auf Schutz vor Missbrauch und Gewalt. Wer würde daran zweifeln? Doch für Millionen Kinder ist es bis zur Verwirklichung selbst ihrer wichtigsten Rechte noch ein weiter Weg. Kinder, die kaum genug zu essen haben, die schwer arbeiten müssen oder auf der Flucht vor Kriegen sind – sie alle können von Kinderrechten nur träumen. UNICEF setzt sich weltweit dafür ein, dass die Rechte der Kinder ernst genommen werden – und dass sie bekannter werden.

Bildung für alle Kinder

Jedes sechste Kind im Grundschulalter geht nicht zur Schule – das sind weltweit 121 Millionen. In vielen Ländern sind noch immer vor allem die Mädchen von Bildung ausgeschlossen. UNICEF stattet Dorfschulen aus, bildet Lehrer aus und versorgt die Schüler mit Büchern, Heften und Stiften. Arbeitende Kinder erhalten Angebote, damit sie lernen können, wenn sie Zeit haben.

Gesundheit: Kinderleben retten

Jedes Jahr sterben noch immer fast elf Millionen Kinder vor ihrem fünften Geburtstag. Mit Impfkampagnen und preiswerten Medikamenten schützt UNICEF Kinder vor Infektionen und gefährlichen Durchfallerkrankungen. UNICEF richtet Gesundheitszentren ein, bildet Helfer aus und versorgt sie mit Geräten und Material. Erfolge sind möglich: So hat sich die Kindersterblichkeit in den letzten 30 Jahren halbiert.

Überleben sichern

Die meisten Kinder in den Entwicklungsländern sterben an Krankheiten, gegen die es heute einen preiswerten Impfschutz gibt oder die gut zu behandeln sind. UNICEF will deshalb alle Kinder vor den sechs gefährlichsten Infektionskrankheiten schützen: Polio, Diphtherie, Keuchhusten, Masern, Tetanus und Tuberkulose.

UNICEF kauft die Impfstoffe ein – 40 Prozent des weltweiten Bedarfs für Kinder werden von UNICEF beschafft. UNICEF stellt Kühlboxen für den Transport bereit. Helfer versorgen Kinder auch in abgelegenen Dörfern – mitunter zu Fuß, per Pferd oder Kanu. Die großen Impfkampagnen erreichen innerhalb weniger Tage Millionen Kinder. Tausende Freiwillige helfen mit. UNICEF geht davon aus, dass durch Impfungen jährlich weltweit 2,5 Millionen Kinder gerettet werden.

Wasser – Quelle des Lebens

Verunreinigtes Wasser und mangelnde Hygiene zählen zu den Hauptursachen für die in vielen Ländern sehr hohe Kindersterblichkeit. Wo sauberes Wasser und sanitäre Einrichtungen fehlen, verbreiten sich Krankheitserreger und Parasiten besonders schnell. Ein Viertel der Todesfälle bei Kindern unter fünf Jahren geht auf diese Krankheiten zurück. Schätzungen zufolge sterben jährlich rund zwei Millionen Kinder an Durchfallerkrankungen – 5000 jeden Tag.

Was tut UNICEF?

1) Zugang zu sauberem Trinkwasser:
   UNICEF fördert den Bau von Brunnen, Leitungen und Wasserreservoirs. Dabei greift UNICEF auf einfache Mittel zurück. Brunnen werden mit leicht zu wartenden Handpumpen ausgestattet.
2) Hygienische Basisausstattung:
   UNICEF unterstützt den Bau einfacher Latrinen und öffentlicher Toiletten ebenso wie die Einrichtung von Abwassersystemen und die regelmäßige Müllbeseitigung.
3) Beteiligung:
   UNICEF legt besonderen Wert darauf, die Bevölkerung vor Ort am Bau und an der Wartung der Brunnen und Wasserleitungen zu beteiligen, sodass die Menschen die Anlagen auch selbst reparieren können.

Kampf gegen Mangelernährung

In den Entwicklungsländern leidet heute ein Viertel der Kinder unter fünf Jahren an mangelhafter Ernährung – etwa 150 Millionen. UNICEF versorgt in Krisengebieten Kinder mit hoch proteinhaltigen Keksen und nährstoffreicher Zusatznahrung und bildet Helfer aus, die das Gewicht der Kinder regelmäßig kontrollieren.

Aufgabentyp 2 – Einen informativen Text verfassen

A Die Aufgabe verstehen

1 *Welche Arbeitsschritte sind zur Lösung der Aufgabe sinnvoll, welche nicht? Kreuze an.*

Du musst …	sinnvoll	unsinnig
a) … den Text schnell lesen und dann spontan darüber schreiben.	☐	☐
b) … dir dein Vorwissen über Hilfsorganisationen in Erinnerung rufen.	☐	☐
c) … Informationen über UNICEF aus dem Text herausarbeiten.	☐	☐
d) … Argumente für die Mitarbeit bei UNICEF erfinden.	☐	☐
e) … dich auf die wesentlichen Informationen beschränken.	☐	☐
f) … verschiedene Tätigkeiten von UNICEF vergleichen und bewerten.	☐	☐
g) … dich beim Schreiben an Stil und Aufbau der Vorlage halten.	☐	☐
h) … sachlich, verständlich und prägnant schreiben.	☐	☐
i) … dir selbst eine schlüssige Gliederung für deinen Bericht überlegen.	☐	☐
j) … Informationen zusammenfassen und Oberbegriffen zuordnen.	☐	☐

B Erstes Textverständnis – Materialien sichten

Vorwissen aktivieren

1 *Was weißt du bereits über Hilfsorganisationen? Notiere dir auf einem DIN-A4-Zettel Begriffe, die dir auf Anhieb zu dem Thema einfallen, oder auch Fragen, die dich interessieren.*

2 *Waren die beiden folgenden Fragen dabei? Überfliege den Text zügig und beantworte sie knapp.*

a) Wer oder was *ist* UNICEF?

UNICEF ist _____

b) Was *tut* UNICEF? Nenne drei wichtige Tätigkeitsfelder:

_____

_____

3 *Was möchtest du außerdem genauer wissen? Notiere hier die Fragen, die sich dir nach dem ersten Lesen stellen. Diese Fragen leiten dich beim zweiten, gründlicheren Lesen:*

_____

_____

_____

_____

_____

Aufgabentyp 2 – Einen informativen Text verfassen

Das Richtige auswählen – Unwichtiges weglassen

4 *Oft enthalten Texte Informationen, die du für deine Fragestellung oder deine Zielgruppe nicht brauchst. Hier musst du also **das Brauchbare vom Unbrauchbaren unterscheiden**. Lies in der Aufgabe nach, worum es in deinem Bericht gehen soll. Kreuze an: Dein Bericht soll …*

a) ☐ … über die Hilfsorganisation UNICEF informieren.

b) ☐ … über Probleme informieren, die UNICEF bekämpft.

c) ☐ … die Notwendigkeit von Hilfsorganisationen darstellen.

d) ☐ … nur eine der Aufgaben darstellen, die UNICEF übernimmt.

5 a) *Streiche in dem Abschnitt **Kinderrechte sind Menschenrechte** (Z. 11–18) die Passagen, die nicht unmittelbar zu deiner Aufgabenstellung gehören.*
b) *Prüfe im ganzen Text, welche Informationen für deine Aufgabenstellung nicht wichtig sind. Streiche sie so durch, dass du sie noch lesen kannst.*

> **Material auswerten**
> Überlege dir für jede neue Information, ob du sie *wirklich für deine Aufgabenstellung brauchst*. Streiche mit Bleistift (lesbar) durch, was du nicht brauchst.

Sparsam markieren – Schlüsselbegriffe notieren

6 *Markiere zur Übung im folgenden Textabschnitt Schlüsselbegriffe und wichtige Aussagen. Orientiere dich am ersten Abschnitt auf Seite 10, damit deine Markierungen wirklich eine **Hilfe** für die weitere Arbeit sind.*

> **Markiere**
> ☐ sparsam und eindeutig.
> ☐ Zusammenhänge durch Pfeile oder Symbole.
> ☐ jedes Thema mit einer Farbe.

7 *Notiere am Rand einen treffenden Begriff oder ein kurzes Stichwort, mit dem der Abschnitt zusammengefasst werden kann. Orientiere dich auch hier am Beispiel auf Seite 10.*

Gesundheit: Kinderleben retten

Jedes Jahr sterben noch immer fast elf Millionen Kinder vor ihrem fünften Geburtstag. Mit Impfkampagnen und preiswerten Medikamenten schützt UNICEF Kinder vor Infektionen und gefährlichen Durchfallerkrankungen. UNICEF richtet Gesundheitszentren ein, bildet Helfer aus und versorgt sie mit Geräten und Material. Erfolge sind möglich: So hat sich die Kindersterblichkeit in den letzten 30 Jahren halbiert. [...]

Überleben sichern

Die meisten Kinder in den Entwicklungsländern sterben an Krankheiten, gegen die es heute einen preiswerten Impfschutz gibt oder die gut zu behandeln sind. UNICEF will deshalb alle Kinder vor den sechs gefährlichsten Infektionskrankheiten schützen: [...]

8 *Wenn du die beiden Abschnitte mit Hilfe deiner Markierungen und Notizen in zwei kurzen Sätzen mündlich wiedergeben kannst, hast du dich auf das Nötigste beschränkt. Versuche es!*

9 *Setze dieses Verfahren für diejenigen Textpassagen fort, die für deine Aufgabe wichtig sind.*

Aufgabentyp 2 – Einen informativen Text verfassen

Stoff sammeln – Informationen ordnen

10 *Dein Bericht sollte eine eigene, sinnvolle Gliederung haben. Markiere dazu Informationen, die einem Themenkomplex zugeordnet werden können, z. B. durch Umkreisen (vgl. das Thema „Schule" auf Seite 10).*

11 *Finde jeweils einen passenden Oberbegriff für diese Themen und notiere die zugehörigen Zeilenangaben in Klammern, damit du die Stellen leichter zusammenfassen kannst. Lege auf einem neuen DIN-A4-Blatt folgende Tabelle an.*

1.	Was ist UNICEF?	…	Z. …
2.	Mitarbeit:	…	…
3.	Tätigkeitsbereiche:		
	1. Bildung	a) Ausstattung der … b) … c) …	
	2. …		
	3. …		
	4. …		

C Übungen

1 *Ein guter **Einstieg** ist nicht ganz leicht. Lies die beiden folgenden Einleitungen und bewerte sie. Bedenke dabei, für welchen Zweck du den Hintergrundbericht verfassen sollst.*

> **A** Letzte Woche stand ein schockierender Bericht über das jüngste Erdbeben in der Zeitung. Das zeigt mal wieder, wie wichtig Hilfsorganisationen sind. UNICEF kümmert sich vor allem um Kinder. Und die sind ja von Katastrophen immer besonders betroffen. …

> **B** Hilfsorganisationen helfen Menschen, Tieren oder der Natur in Notsituationen. UNICEF ist die Kinderhilfsorganisation der Vereinten Nationen. Sie kümmert sich um Kinder, die in Not geraten sind, besonders in Krisengebieten und in Entwicklungsländern. …

Ich finde Einleitung ◯ besser, weil _____

_____

Auf Sprache, Zeitform und Stil achten

2 *Welche der folgenden Aussagen ist eindeutig falsch? Ein Hintergrundbericht …*

a) ☐ … sollte sachlich, verständlich, prägnant und so kurz wie möglich sein.

b) ☐ … stellt zentrale Punkte eines Themas zusammenhängend im Präsens dar.

c) ☐ … berichtet im Präteritum über ein Geschehen in logischer Reihenfolge.

d) ☐ … darf keinerlei persönliche Meinungsäußerung des Verfassers enthalten.

Aufgabentyp 2 – Einen informativen Text verfassen

3 a) Markiere Formulierungen, die sich für den Hintergrundbericht über UNICEF eignen.
b) Streiche die Formulierungen, die eher in einen Bericht über ein besonderes Ereignis passen.

> in letzter Sekunde passierte – meiner Ansicht nach – eine weitere Aufgabe besteht darin – in der Zwischenzeit wurde – kümmert sich nicht nur ..., sondern auch ... – setzte sich bis zur letzten Sekunde dafür ein – engagiert sich darüber hinaus – zum Schluss passierte es – wer zuletzt lacht, lacht am besten – setzt sich ein für – Ziel muss es weiterhin sein, ...

4 Je länger der Text wird, desto wichtiger sind **orientierende Passagen**. Sie kündigen neue Themen an und geben dem Leser einen Überblick über den folgenden Sinnabschnitt. Im folgenden Text kommt eine solche Passage vor; markiere sie.

> UNICEF ist die Kinderhilfsorganisation der Vereinten Nationen. Sie kümmert sich um Kinder, die in Not geraten sind, besonders in Krisengebieten und in Entwicklungsländern. Insgesamt ist UNICEF in vielen verschiedenen Tätigkeitsfeldern aktiv. Die wichtigsten werden im Folgenden genannt: Die Organisation fördert (Schul-)Bildung, indem sie z. B. Dorfschulen mit Material ausstattet und die Lehrer ausbildet. Außerdem bekämpft UNICEF die schlechte Versorgung mit Lebensmitteln und Trinkwasser. ...

D Den Schreibplan erstellen

1 Nutze die erarbeitete Tabelle als **Gliederung** für deinen Hintergrundbericht. Überlege dir, welche Reihenfolge der Themen sinnvoll / leserfreundlich ist. Nummeriere die Themen in der Tabelle entsprechend und nutze sie als Zwischenüberschriften.

2 Verfasse nun mit Hilfe der geleisteten Vorarbeiten deinen Hintergrundbericht.

Themen anordnen
- ☐ vom Bekannten zum Unbekannten
- ☐ vom Überblick zu den Einzelheiten
- ☐ von Besonderheiten zum Generellen
- ☐ von Hauptaufgaben zu Nebenaufgaben
- ☐ von Zielen zu konkreten Maßnahmen
- ... oder jeweils umgekehrt

3 Überlege dir einen Schlusssatz, der sich aus deinem Bericht sinnvoll ergibt. Was darfst du allerdings auf keinen Fall bei einem Bericht tun? Streiche die Aussage durch. Du kannst ...

a) ... eine Kontaktadresse oder einen Ansprechpartner der Organisation angeben.

b) ... gegebenenfalls auf Veranstaltungen oder Aktionen (z. B. Weltkindertag) hinweisen.

c) ... als Höhepunkt einen ganz neuen Aspekt der Arbeit von UNICEF einbringen.

d) ... die wichtigsten Aspekte in einem prägnanten Schlusssatz zusammenfassen.

E Den eigenen Text überarbeiten

1 Lies deinen Text am Ende sorgfältig durch und prüfe ihn mit Hilfe der folgenden Checkliste.

✓ Checkliste „Hintergrundbericht"

Hast du ...
- ☐ ... alle Markierungen ausgewertet?
- ☐ ... alle Randnotizen berücksichtigt?
- ☐ ... weggelassen, was nicht zur Aufgabenstellung gehört?
- ☐ ... Zwischenüberschriften aus der Tabelle im Bericht wiederverwendet?
- ☐ ... pro Abschnitt ein Thema dargestellt?
- ☐ ... die Themen sinnvoll geordnet?
- ☐ ... einzelne Abschnitte sinnvoll und leserfreundlich miteinander verknüpft?
- ☐ ... sachlich, prägnant und verständlich geschrieben?
- ☐ ... durchgehend das Präsens verwendet?

SCHREIBEN

Spielend Toleranz üben: Fördert Sport die Integration? – Einen Leserbrief schreiben

Schreibe einen Leserbrief für die Schülerzeitung und nimm darin Stellung zu der Ausgangsfrage „Spielend Toleranz üben: Fördert Sport die Integration?". Lies dazu die Materialien M 1 und M 2 und entscheide dich für eine Meinung.

 PRO

Integration[1]: voneinander lernen – gemeinsam leben

Sport ist keine Frage des Alters, des Geschlechts oder der Herkunft. Daher kann er sehr verschiedene Menschen zusammenbringen und ihr Gemeinschaftsgefühl stärken. Sport hat aber noch mehr zu bieten: vor allem Spaß an Bewegung und körperlicher Leistung.
5 Darüber hinaus hilft er, Kontakte zu knüpfen und Freundschaften zu schließen. Im spielerischen Miteinander fällt es leicht, die deutsche Sprache zu erlernen, gegenseitige Rücksichtnahme zu üben und zu erkennen, dass ein gestecktes Ziel durch gemeinsame Anstrengung erreicht werden kann. Im Team zählt jeder Einzelne und wird für seine Leistung anerkannt. Wer mitspielt, gehört einfach dazu, und jeder ist wichtig.
10 Insbesondere Kinder und Jugendliche finden im organisierten Sport viele Angebote für eine sinnvolle Freizeitgestaltung. Ihnen werden soziale Werte wie Fairness, Toleranz und Respekt vermittelt, sie lernen durch Siege und Niederlagen, mit Frustration und Erfolg umzugehen und sich in eine Gruppe einzuordnen. Damit kann der Sport schon früh die Weichen für eine erfolgreiche soziale und gesellschaftliche Integration stellen.

15 **Programm „Integration durch Sport"**
Sport wird in jeder Kultur und in jeder sozialen Schicht getrieben. Große Sportereignisse vereinen die Sportfans einer ganzen Nation, aber auch die kleinen Wettkämpfe bringen die unterschiedlichsten Menschen zusammen. Erfolg auf dem Spielfeld kann spielerisch zu einem besseren Selbstbewusstsein beitragen und ein Verständnis für soziale Struktu-
20 ren schaffen – bei allen Beteiligten. Sporttreibende bekommen für ihre Leistungen Bestätigung und haben hier alle die gleichen Chancen auf Erfolg.
Integrationsprozesse finden überall statt, z. B. in der Schule, bei der Arbeit oder im Sportverein. […] Aber gerade im Sportverein wird gute Integrationsarbeit geleistet, weil über den Sport viele Menschen erreicht und angesprochen werden können. Im Sport gelten
25 einheitliche, feste Regeln und Umgangsformen, die sich weltweit in den Medien und in internationalen Wettkämpfen durchgesetzt haben. Sprache spielt hier eine untergeordnete und somit weniger ausgrenzende Rolle als sonst im Alltag.

nach: Bundesamt für Migration und Flüchtlinge. Blickpunkt Integration, März 2006

1 **Integration:** Prozess der Eingliederung, der Herstellung eines einheitlichen Ganzen

M2 KONTRA
„Nur weil ich Türke bin?"

Hannover – In Niedersachsen ist die Fußballwelt schon lange nicht mehr in Ordnung. Mal endete ein Spiel mit Beleidigungen, mal mit Tritten, einem Schiedsrichter wurden Schneidezähne herausgeschlagen.

„Während deutsche Spieler eher nach rüden Fouls des Gegenspielers ausrasten, werden Einwanderer eher nach umstrittenen Schiedsrichterentscheidungen und Beleidigungen aggressiv", erklärt Henning Schick, Abteilungsleiter Ausländer-Integration im NFV (Niedersächsischer Fußballverband). Nach Beobachtungen des Sportwissenschaftlers Gunter Pilz von der Universität Hannover „werden die jungen Türken von ihren deutschen Gegenspielern und den Zuschauern gezielt mit Begriffen wie ‚Kanaker-Sau' oder ‚Hurensohn' aufgestachelt."

Nachdem bei einem C-Jugend-Spiel ein 14-jähriger Deutschtürke den Schiedsrichter brutal zusammenschlug und vom Sportgericht für ein Jahr vom Spielbetrieb ausgesperrt wurde, „war das Fass übergelaufen", so Pilz. In Zusammenarbeit mit dem NFV untersuchte die Universität Hannover über 4000 Sporturteile von C- bis A-Jugend-Spielen der Saison 1998/99 in Niedersachsen und kam zu einem erstaunlichen Ergebnis.

Nicht deutsche Fußballer werden höher abgestraft

Zwei Drittel aller Spielabbrüche wurden von nicht deutschen Jugendkickern verursacht. Je schwerwiegender der Strafbestand, desto häufiger waren ausländische Spieler beteiligt. Nicht deutsche Fußballer wurden bei vergleichbaren Taten vergleichsweise höher abgestraft.

Der 18-jährige Deutschtürke Kaan Karakaya ist Torwart beim Hannoverschen Sport Club: „Wenn ein deutscher Spieler eine Gelbe Karte bekommt", sagt Kaan, „reißt er sich zusammen. Der Ausländer aber fühlt sich wie bei der Jobsuche benachteiligt und nimmt eine Gelbe Karte persönlich. Dann regt er sich auf und bekommt die Rote Karte obendrauf."

Kaan, der selber auch B-Jugend-Spiele pfeift, ist sich bewusst, dass insbesondere Türken „sehr viel temperamentvoller und ehrgeiziger" auf dem Fußballplatz zur Sache gehen, „weil sie sich dort beweisen wollen und dabei manchmal vergessen, dass es nur ein Spiel ist." Aber auch Kaan fragt sich oft: „Hat der Schiri jetzt ein Foul gepfiffen oder nur, weil ich Türke bin?" [...]

Quelle: Spiegel, Juni 2001

A Die Aufgabe verstehen

1 *Was sollst du tun? Kreuze an, welche der folgenden Aussagen zutreffen und welche nicht.*

Du sollst ...	richtig	falsch
a) ... beide Artikel gründlich lesen.	☐	☐
b) ... beide Materialien zu einem Text zusammenfassen.	☐	☐
c) ... einen Leserbrief für die Schülerzeitung schreiben.	☐	☐
d) ... deine eigene Meinung zum Thema begründen.	☐	☐
e) ... eine Umfrage zum Thema in der Klasse durchführen.	☐	☐
f) ... dich für einen Standpunkt zum Thema entscheiden.	☐	☐

Aufgabentyp 3 – Textbasierte Argumentation

2 *Was macht einen Leserbrief aus? Kreuze die richtige Antwort an.*

In einem Leserbrief ...

a) ☐ ... wird ein besonderes Ereignis dargestellt, zum Beispiel ein Unfall.

b) ☐ ... werden Begriffe definiert und als Lexikonbeitrag veröffentlicht.

c) ☐ ... bezieht sich der Verfasser auf Presseberichte und bringt dazu seine eigene Meinung zum Ausdruck.

d) ☐ ... werden falsche Sachverhalte richtiggestellt und am folgenden Tag veröffentlicht.

3 *Was bedeuten die in der Aufgabenstellung genannten Fremdwörter, „Toleranz" und „Integration"? Ordne den Begriffen durch Pfeile jeweils die richtige Erklärung zu.*

A Toleranz heißt, ...

(1) ... ihn so anzunehmen, wie er ist, und aufzunehmen – in der Schule, am Arbeitsplatz, in der Freizeit.

(4) ... Duldung, Entgegenkommen, Verständnis.

B Einen Ausländer zu integrieren, bedeutet, ...

D Integration gelingt besser, wenn ...

(3) ... alle Beteiligten offen und lernbereit genug sind, um die Begegnung zu suchen und Vorurteile über Bord zu werfen.

C Sich als Ausländer in einem fremden Land zu integrieren, bedeutet für den Einzelnen auch, ...

(2) ... sich den Gesetzen und Gepflogenheiten anzupassen.

B Erstes Textverständnis

1 *Lies zunächst **M1** aufmerksam. Welche Gründe führt der Text dafür an, dass Sport die Integration fördert? Unterstreiche diese Pro-Argumente und lege anschließend in deinem Heft folgende Tabelle an.*

Argumente
sind Begründungen, die eine Behauptung (These) durch geeignete Fakten, Zitate oder Beispiele unterstützen.

Pro-Argumente: Sport ...	Zeile
– ... kann sehr verschiedene Menschen einander näherbringen, denn ...	2–3

2 *Lies nun **M2** aufmerksam. Welche Aussage trifft dem Text nach zu, welche nicht?*

	trifft zu	trifft nicht zu
a) Deutsche Spieler reagieren auf Beleidigungen wie Ausländer auf Fouls.	☐	☐
b) Ausländer erhalten schneller eine Rote Karte als deutsche Fußballer.	☐	☐
c) Deutsche spielen genauso verbissen Fußball wie ausländische Jugendliche.	☐	☐
d) Spielabbrüche gehen häufiger auf ausländische Jugendliche zurück.	☐	☐
e) Je schwerer ein Strafbestand, desto öfter sind ausländische Spieler beteiligt.	☐	☐

Aufgabentyp 3 – Textbasierte Argumentation

3 Warum fragt sich Kaan Karakaya oft, ob „der Schiri jetzt ein Foul gepfiffen (hat) oder nur, weil ich Türke bin?" (Zeile 36–37)? Formuliere eine kurze Begründung.

_____
_____

C Übungen

Pro: Argumente auswählen und gewichten – Belege zuordnen

1 Was spricht dafür, dass Sport die Integration fördert? Wähle aus Aufgabe 1 in Teil B drei Argumente aus, die dich besonders überzeugen. Trage sie nach ihrer Überzeugungskraft ein.

überzeugend	1. _____
überzeugender	2. _____
am überzeugendsten	3. _____

2 a) Welche Möglichkeiten gibt es, Argumente geschickt zu verbinden? Ordne durch Pfeile zu.

1. Steigerungen	(A) einerseits ..., andererseits
	(B) ausschlaggebend ist meiner Ansicht nach die Tatsache, dass ...
	(C) außerdem; darüber hinaus; weiterhin; ferner ...
2. Reihungen	(D) entscheidender ist jedoch das Argument/der Tatbestand, dass ...
	(E) zum einen ...; zum anderen
	(F) wichtig ist zunächst die Beobachtung, dass
3. Gegensätze	(G) zwar ..., aber

b) Verknüpfe die drei Argumente aus Aufgabe 1 mit Hilfe geeigneter Formulierungen. Arbeite in deinem Heft.

3 Argumente wirken besonders überzeugend, wenn du sie durch Belege (Beispiele, Fakten, Zitate) stützt. Ordne den Schülerbeispielen geeignete Argumente aus Aufgabe 1, Teil B zu.

Mustafa habe ich im Fußballverein kennen gelernt. Er hat mir gezeigt, wie man den Ball im Tor sicher hält. Heute sind wir die dicksten Freunde.

Stefan, 12 Jahre

Das passende Argument dazu lautet:

_____
_____
_____

Aller Anfang in einer neuen Sprache ist schwer – beim Sport kommt man ohne Worte aus. Endlich konnte ich zeigen, was ich kann und wurde immer gern in die Mannschaften gewählt.

Fatma, 14 Jahre

Das Beispiel stützt das Argument:

_____
_____
_____

Aufgabentyp 3 – Textbasierte Argumentation

> Wenn wir gemeinsam gegen den Gegner kämpfen, gemeinsam unsere Siege feiern und gemeinsam Niederlagen einstecken müssen, dann fühle ich mich als ein Teil einer tollen Mannschaft.
>
> Aziz, 13 Jahre

Hierzu passt das Argument:

_____

_____

_____

Kontra: Argumente finden und gewichten – Belege zuordnen

4 *Was spricht dagegen, dass Sport die Integration fördert? Ordne die folgenden Belege ihren Argumenten zu. Ergänze dazu den bzw. die passenden Buchstaben in der Spalte „Beleg".*

a) Bei einem C-Jugend-Spiel schlug ein 14-jähriger Deutschtürke den Schiedsrichter brutal zusammen und wurde für ein Jahr des Platzes verwiesen.
b) Nach Beobachtungen des Sportwissenschaftlers G. Pilz von der Universität Hannover werden junge Türken von deutschen Spielern und Zuschauern mit Begriffen wie „Kanaker-Sau" oder „Hurensohn" aufgestachelt.
c) Aus einer Untersuchung von 4000 Sporturteilen der Saison 1998/99 des NFV und der Universität Hannover geht hervor, dass nur ein Drittel aller Spielabbrüche von deutschen Jugendkickern verursacht wurden.
d) Dieselbe Untersuchung belegt, dass ausländische Fußballer höher bestraft werden.
e) Ausländische Spieler beziehen Schiedsrichterurteile oft auf ihre Herkunft, umstrittene Entscheidungen werden dann als unfaire Benachteiligung erlebt.

These: Sport fördert die Integration von Ausländern nicht, weil … Argument	Beleg
(1) … das Gefühl der Benachteiligung im Sport bestätigt und verstärkt werden kann.	_____
(2) … zu viel sportlicher Ehrgeiz bei einer Niederlage zu Frust und Aggressionen führt.	_____
(3) … Deutsche und Ausländer vor dem Sportgericht nicht gleich behandelt werden.	_____
(4) … ausländische Spieler durch ihr Verhalten häufiger Spielabbrüche verschulden.	_____
(5) … vor allem Ausländer provoziert werden und sich auch provozieren lassen.	_____

5 *a) Welche Argumente stecken hinter diesen Beispielen? Notiere sie in deinem Heft.*

> **A** Nadine: Im Wettkampf herrscht kein Mit-, sondern ein Gegeneinander, Sport verlangt körperlichen Einsatz, da kann es schon mal ein Handgemenge geben.

> **B** Kemal: Bei uns spielen nur Türken in der Mannschaft – und unsere Gegner kommen oft auch nur aus einem Land. Man bleibt unter sich und pflegt sogar die alten Feindschaften.

> **C** Michelle: Einige können nicht verlieren, weil sie wenigstens im Sport glänzen wollen, Misserfolge bietet der Alltag genug – und wehe, der Schiedsrichter sagt ein falsches Wort!

b) Sammle eigene Argumente und Belege und ergänze deine Notizen entsprechend.

6 *Lege in deinem Heft in Stichworten eine grobe Gliederung der Argumente an, die dagegensprechen, dass Sport die Integration fördert. Nenne das stärkste Argument zuletzt.*

D Den Schreibplan erstellen

1 *Pro oder Kontra?* Lege dich nun fest, kreuze dafür die entsprechende These an.

a) ☐ Sport *fördert* die Integration.

b) ☐ Sport *fördert* die Integration *nicht*.

TIPP

In der Einleitung sollst du …
- ☐ Thema und Bezugstext nennen (Autor, Titel, Quelle, Datum).
- ☐ Stellung zum Thema beziehen.
- ☐ den Schreibgrund verdeutlichen.
- ☐ das Leserinteresse wecken.

2 *Was soll eine gute Einleitung bewirken?* Prüfe mit Hilfe des Tipps, wie man diese zwei Einleitungen verbessern kann.

> **A** Es geht um die Frage, ob Sport die Integration von Ausländern fördert. Ich beziehe mich auf den Beitrag vom Bundesamt für Migration und Flüchtlinge aus dem Internet vom März 2006. Dieser Artikel hat mein Interesse geweckt und mich zum Schreiben dieses Leserbriefs veranlasst. Im Folgenden werde ich die Argumente für meine These „Sport fördert die Integration von Ausländern" darlegen …

> **B** Wenn ich auf dem Rasen für andere den Kopf hinhalte, gewinne ich Freunde fürs Leben? Meine Erfahrung ist das nicht, und der Artikel „Nur weil ich Türke bin?" (Heft 6/2001) spricht mir aus der Seele: Fußball allein kann keine Integration im Alltag leisten! Ich bin davon überzeugt, dass gerade Fußball sich auf die Integration sogar nachteilig auswirken kann. Das will ich sogleich näher erläutern.

3 Wähle für den **Hauptteil** deine drei überzeugendsten Argumente und notiere dir hier jeweils ein Stichwort:

(1) starkes Argument (ggf. mit Beleg): _____

(2) stärkeres Argument (ggf. mit Beleg): _____

(3) stärkstes Argument (ggf. mit Beleg): _____

4 Formuliere in deinem Heft einen dazu passenden Schluss, ohne neue Argumente zu benennen.

5 Verfasse nun mit Hilfe deiner Vorarbeiten einen Leserbrief, der deine Meinung auf den Punkt bringt.

TIPP

Am **Schluss** kannst du …
- ☐ deine Position zusammenfassen.
- ☐ (un)erfreuliche Folgen aufzeigen.
- ☐ Wünsche oder Aufforderungen äußern.

E Den Leserbrief überarbeiten

1 Prüfe mit Hilfe der Checkliste, an welchen Stellen du deinen Text überarbeiten musst.

☑ Checkliste „Leserbrief"

	+	−
☐ Unterteilst du deinen Leserbrief in Einleitung, Hauptteil und Schluss?	☐	☐
☐ Nennst du in der Einleitung das Thema, den Schreibanlass, deine Meinung und den Artikel, auf den du dich beziehst?	☐	☐
☐ Stützt du deine Argumente mit anschaulichen Belegen (Beispiele, Zitate …)?	☐	☐
☐ Verknüpfst du deine Argumente durch geeignete Formulierungen?	☐	☐
☐ Trägst du deine Argumente so vor, dass das stärkste Argument am Ende steht?	☐	☐
☐ Fasst du am Ende deine Argumentation zusammen, ohne neue Argumente zu nennen?	☐	☐
☐ Hast du Rechtschreibung und Zeichensetzung gründlich überprüft?	☐	☐

PRODUKTIONSORIENTIERTES SCHREIBEN

Wolfgang Bittner: Der Überfall – Einen Tagebucheintrag verfassen

Lies die Geschichte „Der Überfall" von Wolfgang Bittner. **Versetze dich in die Rolle von Dennis Krummholz und verfasse aus seiner Sicht einen Tagebucheintrag.** Gehe dabei besonders auf seine Begegnung mit Andy, den Überfall auf dem Heimweg und mögliche Gedanken und Gefühle von Dennis ein.

Wolfgang Bittner

Der Überfall (1996)

Handlungsschritte
Dennis kommt neu in Andys Klasse

In Andys Klasse kommt ein neuer Mitschüler, er heißt Dennis Krummholz. Als er sich vorstellt, lachen einige über den Namen, besonders Beppo, der eigentlich Franz-Josef Zitzelsperger heißt. Andy bemerkt, dass Dennis ein ziemlich dürres Gerippe ist und ungeschickt wirkt, aber teure Jeans und Markenturnschuhe trägt. Als der Neue neben ihn gesetzt wird, ignoriert Andy ihn für
5 *den Rest der Stunde.*

Andy und Dennis lernen sich kennen

Es klingelte zur Pause. Andy nahm auf dem Flur die Jacke vom Haken und zog sie im Hinausgehen über. Als er zu seinem Platz am Zaun schlendern wollte, sprach ihn der Neue an: „Ich hab' gesehen, dass du Andreas heißt." Also Dennis Krummholz. Er trug eine schöne Wildlederjacke, na klar. Vielleicht ist er doch nicht so verklemmt, dachte Andy
10 und musterte ihn unauffällig. „Du kannst ruhig Andy sagen", erwiderte er. Der Neue kam ihm an den Zaun nach, offensichtlich suchte er Anschluss. Andy wollte sich abwenden. Doch in demselben Moment wurde ihm bewusst, wie albern er sich verhielt. „Seid ihr umgezogen?", fragte er, mehr aus Verlegenheit als aus Interesse.
Der Neue schien zu überlegen. Dann antwortete er: „Nee, ich musste die Schule wech-
15 seln. Hab' mächtig Ärger mit einem Pauker gehabt." Und als Andy ihn überrascht anblickte, setzte er hinzu: „Der hackte ständig auf mir herum. Er hatte einen hübschen, roten Fiesta – musste neu lackiert werden." Andy ließ sich seine Verblüffung nicht anmerken. „Sie haben dich geschnappt?", fragte er. Der Neue nickte und zog einen Schokoriegel aus der Jackentasche. „Mann, das kommt teuer", sagte Andy. Der Neue zuckte mit
20 den Achseln und zog noch einen Schokoriegel aus der Tasche. „Willst du?", fragte er.
Aus dem Augenwinkel sah Andy, wie Boxer und Stulle herankamen, als könnten sie kein Wässerchen trüben. Sie gingen auf eine andere Schule, die gleich nebenan war. Er kannte sie ganz gut und auch ihre Tricks, denn sie hatten schon mehrmals Zoff gehabt. Die beiden wohnten in derselben Gegend wie er, ein paar Häuser weiter. Bevor sie zugreifen
25 konnten, nahm er den Schokoriegel und riss das Papier auf.
„Eh, du Pinkel!", wandte sich Boxer an den Neuen. Er deutete auf dessen Schokoriegel: „Schön, dass du uns was mitgebracht hast." Stulle stellte sich auf die andere Seite und forderte: „Lass mal rüberkommen, aber plötzlich!"
Der Neue blickte die beiden unsicher an und entgegnete: „Was ist los?"
30 Aber Andy schob sich kauend dazwischen. „Verpisst euch", sagte er eher beiläufig. So, als sei das ganz selbstverständlich. Er ging davon aus, dass sich die beiden auf dem fremden Schulhof, noch dazu unter den Augen der Aufsicht, nicht auf eine Schlägerei einlassen würden. Außerdem rechnete er damit, dass ihm der Neue notfalls beispringen würde. Und mit einem von diesen Gangstern traute er sich schon fertig zu werden.
35 Die beiden mochten sich wohl keine Blöße geben, zumal einige andere Schüler inzwischen aufmerksam geworden waren. Sie tänzelten um Andy herum, machten Faxen und versuchten, ihn zu schubsen. Bis er mit dem Rücken zum Zaun in Abwehrstellung ging. Da machten sie, dass sie weiterkamen. Ein Papierknäuel vor sich her kickend, liefen sie über den Schulhof, um sich ein anderes Opfer zu suchen.

40 Nach der letzten Stunde holte Andy sein Fahrrad aus dem Unterstand und traf dabei Yezida, die in die Parallelklasse ging. [...] Sie wohnte in demselben Viertel wie er und sie fuhren zusammen nach Hause. Gerade bogen sie um eine Straßenecke, da sahen sie vor sich Boxer und Stulle. Die beiden bearbeiteten einen Jungen, der hingefallen war und die Arme schützend über den Kopf hielt, mit Fäusten und Füßen. Ihre Fahrräder, und noch
45 ein drittes, lagen auf der Erde. Jetzt zerrte Boxer an der Lederjacke des Jungen, während Stulle ihm die Schuhe auszog. Verzweifelt schlug ihr Opfer um sich. Da erkannte Andy den Neuen, Dennis Krummholz; er strampelte mit den Beinen und schrie: „Was wollt ihr von mir? Lasst mich los, ihr Schweine!" Nachdem er noch einige weitere harte Schläge abbekommen hatte, hörte er schließlich auf, sich zu wehren.
50 Andy sprang vom Rad und lehnte es an einen Baum. Auch Yezida war abgestiegen. „Halt dich lieber heraus!", rief sie ihm zu und einen Moment zögerte er. Aber dann kam die Wut in ihm hoch. Ohne weiter zu überlegen, lief er auf die beiden Schläger zu und rief: „Ihr spinnt wohl, ihr Banditen! Haut bloß ab!" Er gab Boxer einen kräftigen Stoß, riss Stulle die Turnschuhe aus der Hand und wandte sich Dennis zu, um ihm auf die Beine zu
55 helfen; da hatten sich die beiden anderen von ihrer Überraschung erholt. Boxer sprang ihn von hinten an und Stulle gab ihm blitzschnell einen Schlag ins Gesicht. Damit hatte er nicht gerechnet. Er wehrte sich, so gut er konnte. Doch es war aussichtslos, er kam gegen die beiden nicht an. Während er um sich schlug, spürte er das Blut, das ihm aus der Nase und in den Mund lief. Ein trockenes Weinen saß ihm auf einmal in der Kehle,
60 er sah überhaupt nichts mehr.
Plötzlich merkte er, wie Boxer, der ihn im Schwitzkasten und schon auf dem Boden hatte, auf einmal losließ. Zugleich hörte er es klatschen und hörte Yezida schreien: „Verschwindet, ihr Schufte!" Außerdem vernahm er noch eine Stimme, die kannte er ebenfalls. Es war Beppo, Franz-Josef Zitzelsperger. „Feierabend!", brüllte Beppo. „Finito, sag'
65 ich!"
Einen Moment brauchte Andy, um seine Erschöpfung zu überwinden. Dann sprang er auf, trat Boxer vor das Schienbein und stieß Stulle die Faust in den Magen. „Verbrecher!", schrie er mit überschnappender Stimme. „Macht jetzt, dass ihr fortkommt!" Die beiden griffen sich ihre Räder, sprangen auf die Sättel und verschwanden in einer Seitenstraße.
70 „So ein Lumpenpack", stöhnte Andy. Er betastete seine Nase.
Dennis kroch am Boden herum und suchte seine Brille. Sie war glücklicherweise heil geblieben. Nachdem er sie aufgesetzt hatte, schien er allmählich wieder zu sich zu finden. Als Beppo ihm die Turnschuhe reichte, begann er sie im Zeitlupentempo anzuziehen. Dabei drehte er sich etwas zur Seite, damit Beppo nicht sah, dass er geheult hatte.
75 Auch Andy fuhr sich mit dem Taschentuch, das Yezida ihm gab, möglichst unauffällig über die Augen. [...] Sie nahmen ihre Fahrräder. „Danke", schnaufte Dennis. „Wenn ihr nicht gekommen wärt …"
„Schon gut", unterbrach ihn Beppo. „War doch selbstverständlich."

A Die Aufgabe verstehen

1 *Was gilt für einen Tagebucheintrag, was nicht? Kreuze an.*

Ein Tagebucheintrag …   richtig   falsch

a) … ist sehr sachlich geschrieben, wie ein Bericht oder Lexikoneintrag.   ☐   ☐

b) … enthält manchmal Gedanken oder Gefühle, die man sonst niemandem anvertraut.   ☐   ☐

c) … kann man mit einer Anrede beginnen und mit einer Unterschrift beenden.   ☐   ☐

d) … ist niemals länger als eine halbe Seite und berichtet in geordneter Reihenfolge.   ☐   ☐

e) … dient – je nach Erlebnis – auch zum Ordnen von Gefühlen, Klären von Gedanken.   ☐   ☐

f) … kann durchaus Fragen, Ausrufe und umgangssprachliche Ausdrücke enthalten.   ☐   ☐

Aufgabentyp 6 – Produktionsorientiert zu Texten schreiben

2 *Was bedeutet es, wenn du dich für den Tagebucheintrag in Dennis' Rolle hineinversetzen sollst? Kreuze die richtige Aussage an.*

Wenn ich aus der Perspektive von Dennis einen Tagebucheintrag verfasse, …

a) ☐ … muss ich in der Er-Form schreiben und seine Erlebnisse möglichst spannend nacherzählen.

b) ☐ … darf ich ganz neue Gedanken und Gefühle erfinden, auch wenn sie nicht zum Text passen.

c) ☐ … konzentriere ich mich auf die Erlebnisse, die für Dennis wichtig sind und ihn beschäftigen.

d) ☐ … bin ich „allwissend", und weiß daher ganz genau, was in allen anderen Personen vorgeht.

B Erstes Textverständnis – Ideen entwickeln

1 *Verschaffe dir einen Überblick über die Ereignisse. Lege in deinem Heft folgende Tabelle an und ergänze sie. Wenn du unsicher bist, lies die entsprechende Stelle im Text nach.*

Handelnde Figuren	Ort	Zeitpunkt	Handlung	Zeilenangabe
Andy, …	Klassenraum, …	Vormittag …	Dennis wird …	Z.

2 *Fasse – ausgehend vom Titel – die Handlung in ein bis zwei Sätzen zusammen. Arbeite in deinem Heft.*

Die Geschichte „Der Überfall" von Wolfgang Bittner handelt von einem Jungen, Dennis, der …

C Übungen

1 *Welche Ereignisse sind für Dennis besonders entscheidend? Fasse wichtige Handlungsschritte in der Randspalte neben dem Text zusammen. Orientiere dich am Beispiel auf Seite 22.*

2 a) *Du sollst dich in Dennis hineinversetzen. Was erfährst du über ihn? Markiere Aussagen über sein Äußeres, seine Vorgeschichte, sein Verhalten usw. im Text (vgl. die Markierungen auf Seite 22).*
b) *Markiere das Adjektiv, das jeweils am besten zu Dennis' Verhalten an der angegebenen Textstelle passt.*

(1) Z. 7–8: verstört – mutig – frech – eingebildet	(2) Z. 14–15: direkt – offen – unfreundlich – zurückhaltend
(3) Z. 16–20: cool – angeberisch – wütend – frech	(4) Z. 20: großzügig – höflich – nett – geizig
(5) Z. 42–48: aggressiv – ängstlich – panisch – wütend	(6) Z. 48–49: schwach – feige – machtlos – böse
(7) Z. 71–74: beschämt – lässig – überheblich – traurig	(8) Z. 76–77: sauer – angespannt – glücklich – erleichtert

c) *Wie wirkt Dennis als Person auf dich? Verändert sich dein Eindruck im Laufe des Textes?*

3 *Betrachte die drei Zeichnungen. Lies die entsprechende Stelle nach und stell dir genau vor, wie Dennis die Situation erlebt. Was könnte er rückblickend über die beteiligten Personen in sein Tagebuch schreiben?*

(A) Ich fragte mich, was das für blöde Typen waren! Erst habe ich gar nicht kapiert, …

Aufgabentyp 6 – Produktionsorientiert zu Texten schreiben

(B) Dass Andy so schnell geschaltet hat, fand ich ...

(C) Ich ...

4 *Was könnte Dennis an diesem Tag noch durch den Kopf gegangen sein? Ergänze in der folgenden Tabelle nachvollziehbare Gefühle und Gedanken, wie er sie abends in seinem Tagebuch aufschreiben könnte.*

Situation: Was ist passiert?	Was könnte Dennis denken?	Wie könnte er sich fühlen?
(1) Z. 1–5: *Als er sich vorstellt, lachen einige ... ignoriere Andy ihn für den Rest der Stunde.*	Was lachen die so blöd? – Toller Start! Und mein Nachbar mag mich wohl nicht.	Ich fühlte mich unwohl und wollte am liebsten gleich wieder gehen.
(2) Z. 6–10: *Andy nahm ... die Jacke vom Haken ... „Du kannst ruhig Andy sagen", erwiderte er.*	Der erschien mir eigentlich ganz nett, ich beschloss, ihn einfach mal anzusprechen.	Sicher war ich mir nicht, aber ...
(3) Z. 12–15: *„Seid ihr umgezogen?" ... „Hab mächtig Ärger mit einem Pauker gehabt."*		
(4) Z. 38–39: *Da machten sie, dass sie weiterkamen ..., um sich ein anderes Opfer zu suchen.*		
(5) Z. 47–48: *„Was wollt ihr von mir? Lasst mich los, ihr Schweine!"*		
(6) Z. 64–65: *„Feierabend!", brüllte Beppo. „Finito, sag' ich!"*		
(7) Z. 68–69: *Die beiden griffen sich ihre Räder ... und verschwanden in einer Seitenstraße.*		
(8) Z. 71–73: *Dennis ... suchte seine Brille. ... Nachdem er sie aufgesetzt hatte, schien er allmählich ... zu sich zu finden.*		

Aufgabentyp 6 – Produktionsorientiert zu Texten schreiben

5 *Gefühle werden oft bildlich ausgedrückt. Ordne die Formulierungen den einzelnen Situationen aus der Tabelle zu, indem du in der rechten Spalte die Nummer(n) der Tabellenzeile(n) notierst.*

a) „Ich atmete auf, mir fiel vor Dankbarkeit echt ein Stein vom Herzen."	
b) „Mann, war das unangenehm – am liebsten wäre ich im Boden versunken."	
c) „Ich wusste nicht mehr ein noch aus und schlug nur noch wie wild um mich."	
d) „Ich war so verlegen, dass ich nicht wusste, wo ich hingucken sollte."	
e) „Mein Herz schlug mir vor lauter Panik bis zum Hals."	
f) „Ich wäre ihm vor Freude am liebsten um den Hals gefallen."	
g) „So weiche Knie hatte ich lange nicht, ich war völlig erledigt."	
h) „Ich hatte einen Kloß im Hals, und die Tränen konnte ich nur mühsam verbergen."	

6 *a) Was kann Dennis wissen, was nicht? Kreuze an.* **Dennis …**

a) ☐ … weiß genau, was andere denken.   b) ☐ … kann vermuten, was in anderen vorgeht.

b) Was könnte Dennis über sein Pausengespräch mit Andy (Z. 8–20) in sein Tagebuch schreiben? Kreuze die wahrscheinlichste Antwort an und begründe sie kurz in deinem Heft.

a) ☐ „Der mag mich wohl überhaupt nicht. Ständig läuft er weg oder dreht mir den Rücken zu."
b) ☐ „Andy wusste wohl auch erst nicht so genau, wie er sich mir gegenüber verhalten soll!"
c) ☐ „Verdammt netter Kerl, hat sich gleich mit mir unterhalten in der Pause!"

7 *Im folgenden Schülerbeispiel sind „Lücken" im Text ergänzt worden. Unterstreiche Stellen, die dem Text entsprechend ergänzt sind und streiche die Stellen durch, die inhaltlich eindeutig falsch sind.*

> Nach dem Erlebnis in der Pause ist in der Schule nichts Aufregendes mehr passiert, alles in allem habe ich mich im Unterricht ziemlich gelangweilt. Nach der sechsten Stunde habe ich mich mit dem Rad auf den Heimweg gemacht, aber weit gekommen bin ich nicht. Die beiden Jungen vom Schulhof sind hinter einem Gebüsch hervorgekommen und haben mich vom Rad geschubst. So brutal bin ich noch nie verprügelt worden, mir tut jetzt noch alles weh! Was hab ich ihnen denn getan? Auf meine Lederjacke und die Schuhe hatten sie es wohl abgesehen. Was für Feiglinge! Das waren zwei gegen einen! Erst habe ich sie angeschrieen, aber sie haben einfach nicht aufgehört. Das hätte böse ausgehen können, ich hatte wirklich Angst. Aber am Anfang habe ich mich nach Leibeskräften gewehrt! Ich kann nämlich Karate. Trotzdem war ich ihnen zuletzt unterlegen. Zum Glück kam Andy vorbei …

8 *Würde Dennis sich so ausdrücken? Lies im Text nach und überarbeite das Beispiel, sodass es zu seiner Wortwahl passt. Du darfst Fragen und Ausrufe ergänzen oder Sätze nach Bedarf kürzen. Arbeite in deinem Heft.*

9 *Im Tagebuch darf man seinen Gedanken freien Lauf lassen. Sie dürfen auch über das Erlebnis – hier der Überfall – hinausgehen; z. B. „Andy ist wirklich ein feiner Kerl!" – „Muss so was immer mir passieren?". Finde jeweils einen grundsätzlichen Gedanken, der Dennis im Rückblick durch den Kopf gehen könnte …*

a) … zu einer Freundschaft mit Andy: _____

b) … zur Situation in der Pause: _____

c) … zu Boxer und Stulle: _____

Aufgabentyp 6 – Produktionsorientiert zu Texten schreiben

D Den Schreibplan erstellen

1 *Lies die beiden folgenden **Tagebuchanfänge**. Kreuze an, welcher dir passender erscheint. Bedenke dabei, was Dennis erlebt hat und wie es ihm wohl geht. Begründe kurz deine Entscheidung.*

☐ A: Liebes Tagebuch! Was für ein Tag – mir tut jetzt noch alles weh! (Stöhn.) Wo soll ich beginnen? …

☐ B: Hallo Tagebuch! Heute war mein erster Tag in der neuen Schule – und eigentlich begann er ganz gut (seufz) …

2 *a) In welcher **Reihenfolge** wird Dennis deiner Meinung nach auf die einzelnen Erlebnisse eingehen? Nummeriere:*

☐ (A) Begegnungen in der Pause: Kennenlernen von Andy und Konflikt mit Boxer und Stulle

☐ (B) Vorstellung in der Klasse: Der erste Eindruck von Andy und den Klassenkameraden

☐ (C) Heimweg: Überfall und Übermacht – „Rettung" durch Andy, Beppo und Yezida

☐ (D) Vergangenes: Verweis von der alten Schule, Preisgabe der Vorgeschichte Andy gegenüber

b) Teile ein DIN-A4-Blatt in vier Felder und notiere kurz, um welches Erlebnis es gehen soll. Ergänze danach die Gedanken und Gefühle, die du in diesem Teil einbauen willst. Nutze dafür deine Vorarbeiten aus den Aufgaben im Teil C.

3 *a) Welcher der folgenden Schlusssätze passt dem Text nach eher nicht zu Dennis' Tagebucheintrag?*

☐ A: Jetzt geht's mir besser, liebes Tagebuch! Sortieren tut gut. Also bis morgen, dein Dennis.

☐ B: Ob wir – Stulle, Boxer und ich – Freunde werden? Das wär' klasse! Gute Nacht, dein Dennis.

☐ C: Hoffentlich lassen die Schweine uns jetzt in Ruhe! Mulmig ist mir ja doch … Dein Dennis.

☐ D: Bin ich froh, dass Andy und Beppo mir geholfen haben! Ob wir Freunde werden? Dennis.

b) Finde einen eigenen Schluss, der dem Text entspricht und sich sinnvoll aus deinen Notizen ergibt.

4 *Verfasse nun mit Hilfe deiner Vorarbeiten den Tagebucheintrag aus der Sicht von Dennis.*

E Den Text überarbeiten

1 *a) Überarbeite das folgende Schülerbeispiel mit Hilfe der Checkliste darunter:*

> **Tagebuch vom 6. August**
> Heute war der erste Tag in der neuen Schule. Dennis war ein wenig aufgeregt. Er wurde neben Andy gesetzt, der ihn nicht beachtete. In der Pause nahm Dennis seinen ganzen Mut zusammen und sprach diesen Andy an. Er war ganz nett und sie unterhielten sich ein bisschen. Während sie so am Zaun standen, kamen zwei Typen auf sie zu. Sie suchten Streit, ließen sich aber von Andy verjagen. Er kannte sie offenbar schon. Nach der Schule ging es heimwärts. Kaum saß ich auf dem Fahrrad, kamen die zwei Gestalten aus der Pause und holten mich vom Rad. Ich schaffte es aber aufzustehen und trat ihnen erst mal so richtig vors Knie. Doch sie waren ein bisschen stärker als ich. Sie nahmen mir meine Jacke und meine Schuhe weg und prügelten auf mich ein, dass mir Hören und Sehen verging. Dann kam Hilfe, und die beiden ließen erst mal los. …

☑ Checkliste „Tagebucheintrag"

Hast du …

☐ … die wichtigsten Erlebnisse berücksichtigt?   ☐ … durchgehend die Ich-Form verwendet?
☐ … Gedanken an passender Stelle eingebaut?   ☐ … Gefühle zum Ausdruck gebracht?
☐ … Dennis' Wortwahl und Stil getroffen?   ☐ … Ausrufe, Fragen, Gedanken ergänzt?

b) Prüfe mit Hilfe der Checkliste, an welchen Stellen du deinen eigenen Tagebucheintrag überarbeiten solltest.

PRODUKTIONSORIENTIERTES SCHREIBEN

Banana Yoshimoto: Tsugumi – Einen Dialog fortsetzen

> 1. Setze das Gespräch zwischen Tsugumi und der Ich-Erzählerin Maria am Ende des Romanauszuges fort.
>   In deiner Fortsetzung sollte deutlich werden …
>   – wie Tsugumi und Maria auf den Zwischenfall reagieren und was sie fühlen.
>   – wie sich Tsugumis Verhalten auf die Freundschaft auswirkt.
>   – wie das Gespräch insgesamt ausgeht.
> 2. Begründe kurz, warum du diesen Gesprächsausgang gewählt hast.

Banana Yoshimoto

Tsugumi 1996

Die Ich-Erzählerin Maria und Tsugumi kennen sich seit vielen Jahren. Tsugumi ist schwer krank, daher nimmt es ihr niemand übel, wenn sie sich ungewöhnlich verhält. Besonders verbindet die beiden Mädchen das selbst erfundene Spiel „Geisterpost" aus ihren Kindertagen: Sie hinterlegten dazu Briefe in einem verwitterten Wetterhäuschen und stellten sich später vor, Geister hätten sie
5 *geschrieben.*

Es war, da bin ich mir ziemlich sicher, in den Frühlingsferien des zweiten Mittelschuljahres[1]. An jenem Abend fiel sanfter Regen, und ich hatte mich in meinem Zimmer verschanzt. Es war dunkel, ich hörte die Tropfen fallen und war zutiefst deprimiert. Mein Großvater war vor ein paar Tagen gestorben. Ich hatte bis zum Alter von fünf Jahren bei
10 meinen Großeltern gelebt und mich zu einem regelrechten „Opakind" entwickelt. Auch nachdem ich mit Mutter in das Gasthaus Yamamoto gezogen war, fuhr ich Opa und Oma besuchen, wann immer das möglich war, und wir schrieben uns regelmäßig Briefe. An jenem Tag war ich nicht zum Training gegangen, hatte kein Essen angerührt und saß nun mit verheulten Augen auf dem Boden, an mein Bett gelehnt. Draußen vor der Schie-
15 betür hörte ich Mutter sagen: „Telefon für dich, es ist Tsugumi!", aber ich antwortete nur: „Sag ihr, ich bin nicht da!" Mir ging es einfach nicht gut genug, um mich auch noch mit Tsugumi abgeben zu können. Und da meine Mutter Tsugumis drastische Art allzu genau kannte, sagte sie nur „Ja, in Ordnung" und ging. Ich setzte mich wieder auf den Boden, blätterte in einer Zeitschrift und musste wohl irgendwie eingenickt sein, als ich draußen
20 auf dem Korridor die schlurfenden Schritte von jemandem in Slippern näher kommen hörte. In dem Augenblick, als ich aufschreckte und den Kopf hob, wurde auch schon die Schiebetür aufgerissen, und Tsugumi stand vor mir, klitschnass.
Sie schnappte nach Luft – von der Kapuze ihres Regenmantels kullerten klare Wassertropfen auf die Tatami[2]. „Maria …" oder so ähnlich sagte sie mit weit aufgerissenen Au-
25 gen und dünnem Stimmchen. „Was ist?" Noch halb im Traum sah ich zu ihr auf. Sie machte einen unsicheren Eindruck. Aufgeregt rief sie: „Mensch, wach auf! Schau dir das hier an!"
Ganz vorsichtig und behutsam zog sie ein Blatt Papier aus der Tasche ihres Regenmantels und reichte es mir. Mein Gott, was für ein Aufstand, dachte ich im Stillen und nahm
30 das Blatt gleichgültig entgegen, doch ein Blick darauf genügte, um blitzartig hellwach zu sein: Das war unverkennbar die geliebte Handschrift meines Großvaters! In denselben kräftigen, kunstvollen Pinselstrichen und mit derselben Anrede, die er in seinen Briefen immer für mich verwendet hatte, stand da geschrieben:

> *Liebe Maria, mein Schatz! Lebe wohl!*
> *Pass gut auf Oma, Vati und Mutti auf! Mach dem Namen der Heiligen Mutter alle Ehre, und werde eine gute Frau!*
> *Ryūzō*

Augenblicklich kam mir Großvater in den Sinn, wie er aufrecht am Schreibtisch sitzt – mir wurde ganz warm ums Herz. Dann fragte ich Tsugumi eindringlich: „Wo hast du das her?" Tsugumi sah mich unverwandt an, ihre knallroten Lippen bebten, und sie sagte mit ernster, feierlicher Stimme: „Das war im Geisterbriefkasten, kannst du das fassen?" „Was sagst du?"

Im Nu blitzte in meinem Kopf die Erinnerung an das Wetterhäuschen auf, das ich total vergessen hatte. Tsugumi senkte die Stimme und flüsterte: „Als ich vorhin eingeschlafen war, tauchte dein Opa in meinen Träumen auf. Ich wachte auf, aber es ließ mir keine Ruhe. Dein Opa hatte irgendetwas sagen wollen. Ich bin ihm schließlich allerhand schuldig, er hat früher immer an mich gedacht und mir alle möglichen Geschenke mitgebracht. Auch du kamst vor im Traum, und dein Opa versuchte, mit dir zu reden, er hat dich geliebt, weißt du. Und da schoss es mir plötzlich durch den Kopf: Ich ging zu unserem Briefkasten, um nachzusehen – und siehe da ...

Hast du deinem Opa zu Lebzeiten jemals von unserer ‚Geisterpost' erzählt?" Ich schüttelte den Kopf: „N-n-nein, ich glaube nicht." „Dann ... Dann ist aus dem Ding tatsächlich ein Briefkasten für ‚Geisterpost' geworden!" Draußen in der Dunkelheit tröpfelte der Regen weiter vor sich hin. Es herrschte eine sanfte, unsichere Stille.

Mit bleichem Gesicht und leisem Stimmchen sagte Tsugumi schließlich: „Maria, was sollen wir nur tun?", und sah mich an. „Auf keinen Fall sollten wir jemandem etwas davon verraten. Das Wichtigste ist, dass du jetzt nach Hause gehst. Wärm dich auf und leg dich schlafen! Du kriegst sonst wieder Fieber! Geh und zieh dir schnell was anderes an. Wir reden morgen weiter." „Ja, du hast recht", sagte Tsugumi und stand unvermittelt auf. „Ich geh jetzt besser." Als sie hinausging, rief ich ihr noch hinterher: „Tsugumi! – Danke!" „Ach, schon gut", sagte sie und verschwand, ohne sich noch einmal umzudrehen oder die Schiebetür hinter sich zu schließen.

Ich blieb noch eine Weile auf dem Boden sitzen und las den Wortlaut auf dem Papier immer wieder. Tränen kullerten auf den Teppich. Je öfter ich die Sätze las, desto weniger war ich in der Lage, die Tränen zurückzuhalten; ich hielt mich an dem Brief fest und weinte.

Schon am nächsten Tag flog die Sache auf. Ich wollte natürlich von Tsugumi sämtliche Einzelheiten über den Brief erfahren, ging also schon am Mittag des folgenden Tages hin, um mit ihr zu reden, aber sie war nicht da. Ich stieg hinauf in ihr Zimmer und wartete, als ihre Schwester Yōko hereinkam und mir Tee brachte.

„Tsugumi ist beim Arzt", sagte sie und klang ein bisschen traurig. „Geht es Tsugumi schlecht?", fragte ich besorgt. Sie hätte das Haus bei dem Regen nicht verlassen dürfen. „Ach, ich weiß nicht, seit einigen Tagen hat sie bis zur Erschöpfung Schreibübungen gemacht, und nun hat sie Fieber ..." „Waas?", sagte ich. Unter Yōkos verblüfften Augen begann ich, Tsugumis Schreibtisch abzusuchen. Und da sah ich es: „Kalligrafie[3]-Übungsheft". Außerdem fand ich Hunderte von Blättern, Tusche, Reibestein, Kalligrafiepinsel und als Tüpfelchen auf dem i einen an mich adressierten Brief meines Großvaters, den sie offenbar aus meinem Zimmer geklaut hatte.

Anfangs war ich mehr angewidert[4] als wütend. Warum treibt sie es so weit, fragte ich mich. Was muss sie nur für einen großen Groll gegen mich hegen, dass sie, die nie auch nur einen ordentlichen Pinsel besessen hat, so etwas fertigbringt! Woher kommt das bloß? – Ich hatte nicht den blassesten Schimmer. Ich saß in dem von der Frühlingssonne durchfluteten Zimmer, starrte ratlos aus dem Fenster auf das seidenmatt glänzende Meer hinaus und grübelte. Als Yōko gerade den Mund aufmachte, um etwas zu sagen, kam Tsugumi zurück. Rot glühend vor Fieber schleppte sie sich schweren Schrittes und auf Tante Masako gestützt ins Zimmer, sah meinen Gesichtsausdruck, grinste breit und sagte: ...

---

1 **Mittelschule:** höhere Schulform wie Realschule
2 **Tatami:** Unterlage für japanische Schlafmatratzen
3 **Kalligrafie:** Schönschreibkunst
4 **angewidert:** vom Verhalten abgestoßen

Aufgabentyp 6 – Produktionsorientiert zu Texten schreiben

A Die Aufgabe verstehen

1 *Kreuze an.*

In dieser Klassenarbeit sollst du …	richtig	falsch
a) … zunächst eine vollständige Interpretation der Geschichte schreiben.	☐	☐
b) … beschreiben, wie Maria Tsugumis Verhalten beurteilt.	☐	☐
c) … Gefühle und Reaktionen von Maria und Tsugumi zum Ausdruck bringen.	☐	☐
d) … den Romanauszug als Gespräch zwischen Maria und Tsugumi fortsetzen.	☐	☐
e) … eine Charakteristik der beiden Hauptfiguren verfassen.	☐	☐
f) … entscheiden und begründen, wie du das Gespräch enden lässt.	☐	☐
g) … im Gespräch deutlich machen, ob die zwei Mädchen Freundinnen bleiben.	☐	☐

B Erstes Textverständnis – Ideen entwickeln

Die Situation klären

1 *Hast den Romanauszug genau gelesen und alles verstanden? Kreuze an.*

	richtig	falsch
a) Die Erzählerin hatte kein gutes Verhältnis zu ihrem Großvater.	☐	☐
b) Tsugumi hat viel Mühe darauf verwandt, dass der Brief täuschend echt aussah.	☐	☐
c) Die Erzählerin vergießt Freudentränen über die Nachricht von dem Verstorbenen.	☐	☐
d) Die Erzählerin findet Tsugumis Scherz lustig.	☐	☐
e) Tsugumi gibt sofort zu erkennen, dass der Brief eine Fälschung ist.	☐	☐
f) Maria hat nicht den geringsten Zweifel an der Echtheit des Briefes.	☐	☐

Die Perspektive beachten

2 *Wenn du einen Text fortsetzt, musst du die Perspektive des Textes beibehalten. Vervollständige folgende Sätze:*

Die Geschichte wird aus der _____ erzählt. Die Erzählerin heißt _____.

Der Leser kennt daher auch nur die Sichtweise von _____ . Man erfährt im Romanauszug

nichts über die Beweggründe von _____ . Über ihr Verhalten kann man nur spekulieren.

3 *a) Was vermutest du: Aus welchem Grund könnte sich Tsugumi so verhalten haben? Sammle Ideen.*

Mögliche Gründe für Tsugumis Verhalten

– sie will Aufmerksamkeit

b) Wie reagiert Maria spontan auf Tsugumis Erzählung vom Brief? Markiere die Textstelle und fasse sie am Textrand zusammen.

Aufgabentyp 6 – Produktionsorientiert zu Texten schreiben

C Übungen

Das Verhalten der Figuren verstehen

1 *Berücksichtige bei der Gestaltung deines Gesprächs alle Informationen über Maria und Tsugumi. Lies dazu noch einmal die angegebenen Textstellen und vervollständige die Sätze:*

Z. 1–5: Maria und Tsugumi sind sehr vertraut miteinander, weil sie _____

Z. 34–52: Maria glaubt Tsugumi die Geschichte mit dem Brief, obwohl sie _____

Z. 55–61: Maria ist besorgt um Tsugumi und möchte nicht, dass _____

2 a) *Wie denkt und fühlt Maria über ihren Großvater? Markiere Textstellen, die Hinweise dazu enthalten.*
b) *Fasse kurz mit eigenen Worten zusammen, wie das Verhältnis Marias zu dem Verstorbenen war.*

_____

_____

_____

_____

_____

3 a) *Über Tsugumis Beweggründe kann man als Leser/in nur spekulieren. Begründe kurz, welche der folgenden Annahmen deiner Ansicht nach am wenigsten zutrifft.* **Tsugumi …**

- **A** … konnte nicht ahnen, dass Maria so empfindlich reagiert, denn sie kennen sich kaum.
- **B** … wusste, wie sehr Maria um ihren Opa trauerte, ihr Verhalten war wenig einfühlsam.
- **C** … hatte einfach nicht damit gerechnet, dass Maria den Brief für echt halten würde.
- **D** … hat es gut gemeint: Sie wollte Maria nur aufheitern und sie über den Verlust hinwegtrösten.
- **E** … möchte wieder mehr Nähe zu Maria, die sich seit dem Tod des Opas zurückgezogen hat.

<u>Für mich klingt Annahme _____ am unwahrscheinlichsten, weil</u> _____

_____

4 *Entwickle ausgehend von den verbleibenden Annahmen Ideen, warum Tsugumi den Brief gefälscht haben könnte:*

Ich habe den Brief geschrieben, weil …

- … ich anders nicht an dich herangekommen wäre.
- … ich selbst so krank bin und …
- …
- …
- … ich eifersüchtig war.
- … ich nicht mag, dass du so traurig bist. Dann lieber wütend!
- …

Aufgabentyp 6 – Produktionsorientiert zu Texten schreiben

Ausgang und Verlauf des Gesprächs festlegen

5 *Entscheide dich für einen Beweggrund und setze die entsprechende Erklärung von Tsugumi in deinem Heft noch um einige Gedanken fort.* Ich habe den Brief auch deshalb geschrieben, weil …

6 *Wie soll dein Gespräch – passend zu Tsugumis Beweggrund – enden? Entscheide:*

A	Maria ist so verärgert über Tsugumis Verhalten, dass sie nichts mehr mit ihr zu tun haben will.
B	Tsugumi erklärt ihr Verhalten, bittet Maria um Verzeihung, und beide versöhnen sich.
C	Tsugumi versucht ihr Verhalten zu erklären, aber Maria hat kein Vertrauen mehr zu ihr.
D	Maria erkennt Tsugumis guten Willen, und es tut ihr leid, dass es ihr nun so schlecht geht.

Ich habe mich für den Gesprächsausgang _____ entschieden, weil _____

_____

7 *a) Nummeriere die folgenden Gesprächsschritte in einer für dich sinnvollen Reihenfolge.*

☐ A Maria ist enttäuscht.   ☐ B Maria macht Tsugumi Vorwürfe.   ☐ C Tsugumi entschuldigt sich.

b) Ergänze – passend zum Schluss deines Gesprächs – noch zwei bis drei weitere Schritte.

☐ Tsugumi …   ☐ _____   ☐ _____

_____   _____   _____

Anschaulich und abwechslungsreich schreiben

8 *Was muss man beachten, wenn man einen Dialog verfasst? Kreuze die zutreffende Antwort an.*

In einem Dialog …

a) ☐ … spricht nur eine Person, die andere hört zu. Die Sprecher gehen nicht aufeinander ein.

b) ☐ … kommt es meist zu einem Wechselgespräch, in dem sich ein Sprecher auf den anderen bezieht.

c) ☐ … sind Hinweise auf den Tonfall, die Mimik und die Gestik der Sprechenden nicht erlaubt.

d) ☐ … dürfen keine Fragen, Ausrufe, Teilsätze oder umgangssprachliche Ausdrücke vorkommen.

9 *a) Welche der folgenden Verben aus dem Wortfeld **sagen** bringen Gefühle zum Ausdruck? Unterstreiche sie.*

antworten   flüstern   erwidern   murmeln   fragen   schreien   zischen   rufen   brüllen

schluchzen   kreischen   stottern   entgegnen   stammeln   stöhnen   poltern   bemerken

b) Wer sagt hier was? Übertrage die Sätze in dein Heft. Ergänze ein geeignetes Verb und füge ein Adverb hinzu, um deutlich zu machen, wie etwas gesagt wurde. Denk an das Komma vor dem Redebegleitsatz.

(1) „Du Lügnerin! Du hast die Schrift meines Großvaters gefälscht!", brüllte Maria wütend.

(2) „Ich habe nicht bedacht, dass ich dich verletze."

(3) „Auf deine Freundschaft kann man sich nicht verlassen."

(4) „Wie kann ich das wiedergutmachen?"

(5) „Ich will nichts mehr von dir wissen."

(6) „Hab ich denn gar keine Chance mehr?"

Wortspeicher
wütend
verzweifelt
vorwurfsvoll
abweisend
verärgert
zerknirscht
eingeschüchtert
laut

Aufgabentyp 6 – Produktionsorientiert zu Texten schreiben

c) *Redebegleitsätze können am Anfang, in der Mitte und am Ende eines Satzes stehen.*
Gestalte den Gesprächsausschnitt lebendiger, indem du die Sätze umstellst. Beachte dabei die Zeichensetzung.

TIPP
Zeichensetzung bei wörtlicher Rede:
„*Wie kannst du mir das antun?*", zeterte sie.
Sie gab zu: „*Es war wohl keine gute Idee.*"
„*Nein*", versetzte sie knapp, „*war es nicht.*"

D Einen Schreibplan entwickeln

An den Schluss des Romanauszugs anknüpfen

1 *Was könnte Tsugumi mit einem breiten Grinsen sagen? Wähle eine Aussage aus, die deiner Meinung nach gut an den Schluss des Romanauszugs anknüpft oder formuliere selbst eine Überleitung.*

a) ☐ Na, geht es dir jetzt wieder besser? Hauptsache, man kann wieder mit dir reden.
b) ☐ Das war doch ein gelungener Scherz, oder? Du bist doch nicht etwa wütend?
c) ☐ Nun hab dich doch nicht so! Wer hätte gedacht, dass ich für dich Kalligrafie lerne.
d) ☐ Ein Brief von einem Toten – ich hätte nicht gedacht, dass du dich so leicht reinlegen lässt!
e) ☐ Schön, dass du da bist! Was so ein Brief aus dem Jenseits nicht alles bewirken kann …

2 *Wie wird das Gespräch verlaufen? Lege auf einem gesonderten DIN-A4-Blatt folgende Tabelle an. Ergänze sie anhand deiner Vorüberlegungen zum Ausgang und Verlauf des Gesprächs aus Teil C.*

Überleitung / Einstieg	Gesprächsverlauf	Schluss	Begründung

3 *Verfasse nun den Dialog und begründe das von dir gewählte Ende.*

E Den Text überarbeiten

1 *Überarbeite den folgenden Einstieg in das sich anschließende Gespräch mit Hilfe der Checkliste.*

> Tsugumi sagte: „Mach jetzt bloß keine Szene, mir geht es echt mies, ich glühe vor Fieber!"
> Maria sagte: „Sag mal, spinnst du? Was hast du dir eigentlich dabei gedacht?"
> Tsugumi sagte: „Ich wollte dich doch bloß ein bisschen aufheitern, das kann ja nicht so schlimm sein."
> Maria sagte: „Aufheitern? Aber du weißt doch ganz genau, wie sehr ich an meinem Großvater hing!"
> Maria sagte: „Was sollte die ganze Schauspielerei? Ich mache mir Sorgen – und dann das hier!"

☑ Checkliste „Dialog fortsetzen"

	➕	➖
☐ Knüpft dein Dialog inhaltlich und sprachlich gut an den Romanauszug an?	☐	☐
☐ Sind die Redebegleitsätze im Dialog abwechslungsreich formuliert?	☐	☐
☐ Kommen im Gespräch beide Figuren angemessen zu Wort?	☐	☐
☐ Bringst du die Reaktionen und Gefühle der Sprechenden zum Ausdruck?	☐	☐
☐ Begründest du den Ausgang des Gesprächs sinnvoll und nachvollziehbar?	☐	☐
☐ Hast du deinen Dialog auf korrekte Rechtschreibung überprüft?	☐	☐
☐ Verwendest du bei der wörtlichen Rede die richtige Zeichensetzung?	☐	☐

2 *Prüfe nun anhand der Checkliste, an welchen Stellen du deinen eigenen Text überarbeiten solltest.*

NACHDENKEN ÜBER SPRACHE

„Das Buch fand ich echt cool" – Eine Buchempfehlung überarbeiten

1. Julian Lang hat eine Buchempfehlung geschrieben.
   Sie enthält **sechs Ausdrucksfehler (A)**, **zwei Satzbaufehler (Sb)** und **fünf Rechtschreibfehler (R)**.
   – **Markiere** die Fehler und **kennzeichne** sie am Rand.
   – **Korrigiere** den letzten Abschnitt (Z. 22–24) und **überarbeite** ihn entsprechend.
2. **Begründe** anschließend deine **Textänderungen** in diesem Abschnitt, indem du die jeweilige Regel nennst.

Buchempfehlung

Mein Lesetipp heißt „Evil – Das Böse", ist ein Roman und wurde von Jan Guillou geschrieben. Der schwedische Autor machte in seinem Leben selbst Erfahrung mit Gewalt. Er wurde von seinem Stiefvater geschlagen und musste wegen seines auffälligen Verhaltens
5 mehrfach die Schule wechseln.

Die Handlung spielt in den 50er Jahren in Schweden. Täglich wird der 14-jährige Erik von seinem Stiefvater mishandelt. Als er seine Wut darüber zum wiederholten Mal an einem Mitschüler auslässt, indem er ihn zusammenschlägt, fliegt er von der Schule. Damit er dennoch einen vernünftigen Schulabschluss machen kann, schickt ihn seine Mutter auf
10 ein Eliteinternat. Zunächst findet er es dort ganz cool, denn sein Zimmernachbar und ein Sportlehrer erweisen sich gleich als gute Kumpels. Er muss sich aber von den älteren Schülern Erniedrigungen gefallen lassen, weil das gehört dort zu den Ritualen für Neulinge. Als Erik wagt, sich zu wiedersetzen, werden die Erniedrigungen immer schlimmer. Schliesslich lassen die Mitschüler ihre Wut am friedfertigen Pierre aus. Erik begreift,
15 dass Gewalt nur neue Gewalt erzeugt und entscheidet sich für passiven Wiederstand. Dabei wird er auf eine harte Probe gestellt: Denn seine Freundin Marja wird entlassen und er wird vor allen Schülern bloßgestellt. Kann Erik seinen Zorn bremsen und aus dem Kreislauf ausbrechen? Bei Gewalttätigkeit droht der sofortige Verweis.

Mein älterer Bruder hat mir den Roman zu meinem 14. Geburtstag geschenkt, weil wir
20 einen knallharten Film über das Thema gesehen haben, den ich total geil fand. Der Roman ist zwar ziemlich dick, aber noch spannender als der Film.

Das Buch fand ich echt cool, weil niemand kann nur „gut" sein. „Das Böse" steckt in jedem. Bei aller Brutalität wird deutlich, welche Folgen aggressives Verhalten hat und wie viel Mut man braucht, um der Gewalt zu wiederstehen.

Julian Lang

Aufgabentyp 5 – Einen Text überarbeiten

A Die Aufgabe verstehen

1 *Was sollst du in dieser Klassenarbeit tun? Kreuze an.*

Du sollst …	richtig	falsch
a) … die Fehler in der Buchempfehlung markieren und benennen.	☐	☐
b) … einen Abschnitt in korrigierter Form aufschreiben.	☐	☐
c) … die Merkmale einer guten Buchempfehlung aufschreiben.	☐	☐
d) … alle Fehler in der Buchempfehlung korrigieren und erläutern.	☐	☐
e) … eine Buchempfehlung für ein anderes Buch schreiben.	☐	☐
f) … die vorliegende Buchempfehlung ganz neu schreiben.	☐	☐
g) … deine Überarbeitungen im letzten Abschnitt begründen.	☐	☐

B Erstes Textverständnis – Stoff sammeln

Inhaltliche Mängel erkennen und beheben

1 *Untersuche den formalen Aufbau von Julians Buchempfehlung und bestimme die Reihenfolge durch Nummerierung:*

☐ a) Persönlicher Bezug zum Buch   ☐ b) Informationen über Autor und Buch

☐ c) Inhaltszusammenfassung des Buches   ☐ d) Begründung der Leseempfehlung

2 *Welche der folgenden Informationen sollte man in der Buchempfehlung in der Einleitung angeben (E), welche kann man später im Hauptteil nennen (H) und welche sind eher überflüssig (Ü)? Ordne zu.*

a) Titel (_____)   b) Schriftgröße (_____)   c) Seitenanzahl (_____)   d) Verlag (_____)

e) Preis (_____)   f) Zeichnungen (_____)   g) Thema (_____)   h) Titelbild (_____)

i) Verfilmung (_____)   j) Textsorte (_____)   k) Erscheinungsjahr (_____)   l) Autor (_____)

3 a) Lies den einleitenden Abschnitt der Buchempfehlung. Welche Angaben würdest du ergänzen?

_____

_____

b) Überarbeite die Einleitung mit Hilfe der Abbildung rechts, sodass sie alle wesentlichen Angaben enthält.

_____

_____

_____

_____

_____

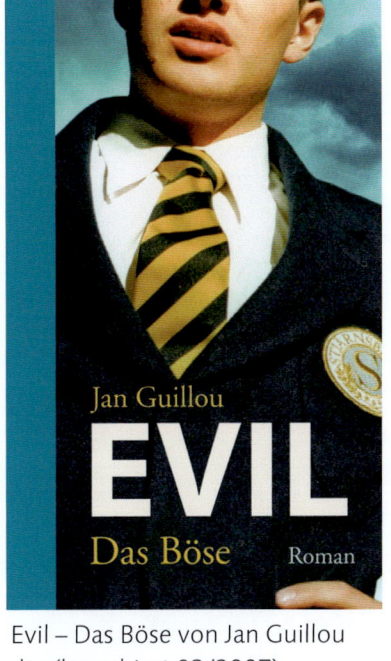

Evil – Das Böse von Jan Guillou
dtv (broschiert 03/2007)
Preis: EUR 8,50, Seiten: 446

Aufgabentyp 5 – Einen Text überarbeiten

Sprachliche Mängel erkennen und beheben

4 a) *Kennst du die folgenden Regeln und kannst sie richtig einordnen? Notiere jeweils vor der Regel, ob sie sich auf den* Ausdruck (A), *den* Satzbau (Sb) *oder die* Rechtschreibung (R) *bezieht.*

_____ (1) Vermeide unnötige Wortwiederholungen. Formuliere abwechslungsreich.

_____ (2) Die Konjunktionen *weil* und *da* leiten kausale (begründende) Nebensätze ein.

_____ (3) Nach kurzem Vokal schreibt man fast immer „ss", z. B. verbissen.

_____ (4) Im Hauptsatz steht das Prädikat nicht am Ende: *Sie zittert,* **denn** *es ist eiskalt.*

_____ (5) Nach langem Vokal oder Diphthong schreibt man „ß", z. B. fließen.

_____ (6) Vermeide Begriffe oder Formulierungen aus der Jugendsprache.

_____ (7) Verwende keine Worte oder Formulierungen aus der Umgangssprache.

_____ (8) Das Wort *wieder* bedeutet *noch einmal*, *wider* bedeutet *gegen, entgegen*.

_____ (9) Am Anfang eines Nebensatzes steht eine Konjunktion, am Ende das Prädikat.

b) *Verschaffe dir einen Überblick über die Regeln. Lege dazu als „Spickzettel" folgende Mind-Map an:*

Satzbau

Texte überarbeiten

Rechtschreibung

Ausdruck

(1) Wiederholungen ...

Aufgabentyp 5 – Einen Text überarbeiten

C Übungen

Satzbaufehler finden und überarbeiten

1 *Welcher der beiden folgenden Sätze ist richtig? Entscheide und begründe deine Wahl.*

> **A** Daraufhin ließen sie ihre Wut am friedfertigen Pierre aus, weil Erik wehrte sich schließlich.

> **B** Daraufhin ließen sie ihre Wut am friedfertigen Pierre aus, weil Erik sich schließlich wehrte.

Satz _____ ist richtig, weil _____

_____.

2 a) *Markiere im Schülertext alle „weil-Sätze" farbig und überprüfe darin die Stellung des Prädikats.*
b) *Schreibe mit Bleistift ein* **U** *(für Umstellen) über das Prädikat, wenn es an der falschen Stelle steht.*
c) *Ergänze am Rand die Art des Fehlers sowie die Nummer der verletzten Regel, z. B.:* **Sb, vgl. Regel Nr. …**

3 *Mache dir nun Gedanken, wie du einen Verbesserungsvorschlag formulieren und begründen kannst. Suche dir dazu ein* **Beispiel** *für den hier vorliegenden* **Regelverstoß** *aus und ergänze die folgende Tabelle.*

Ein Beispiel für einen Satzbaufehler ist:	Verstoßen wird hier gegen Regel Nr.: _____
	Besser im Sinne der Regel wäre …

Ausdrucksfehler bemerken und verbessern

4 a) *Welche Stellen würde deine Deutschlehrerin / dein Deutschlehrer dir im Aufsatz anstreichen? Markiere sie.*

> Zunächst findet er es dort ganz cool, denn sein Zimmernachbar und ein Sportlehrer erweisen sich gleich als gute Kumpels. …

b) *Entscheide dich für mögliche Ersatzwörter und schreibe den Satz neu:*

_____

_____

_____

_____

Wortspeicher
Gleichgesinnte
angenehm
Kumpanen
geil
Verbündete
akzeptabel
Kameraden
in Ordnung
Freunde
gut

Aufgabentyp 5 – Einen Text überarbeiten

5 *a) Wo in seiner Buchempfehlung verwendet Julian außerdem Jugendsprache bzw. Umgangssprache? Vermerke mit Bleistift über dem Ausdruck ein* **E** *(für Ersetzen), wenn du ihn ersetzen solltest.*
b) Notiere daneben jeweils die Art des Fehlers und die Nummer der verletzten Regel, z. B.: **A, vgl. Regel Nr. ...**

6 *a) Erarbeite nun Verbesserungsvorschläge für die vier übrigen Ausdrucksfehler im Text. Ergänze die Tabelle.*

Ausdrucksfehler	Regel (Stichwort)	Verbesserungsvorschlag
1. Z. 8: ... fliegt er von der Schule		
2.		
3.		
4.		

b) Formuliere aus einem deiner Verbesserungsvorschläge einen zusammenhängenden Satz. Du kannst so beginnen:

Da es sich um einen umgangssprachlichen Ausdruck handelt, habe ich ...

Rechtschreibfehler finden und korrigieren

7 *Schau dir die Rechtschreibregeln an: Um welche Lautverbindungen geht es jeweils? Notiere sie hier:*

In Regel _____ geht es um _____.

In den Regeln _____ und _____ geht es um _____.

8 *Hast du die Regeln verstanden? Streiche jeweils die falsche Schreibweise durch.*

a) Er leistete erbitterten **Widerstand / Wiederstand.** b) **Wiederwillig / Widerwillig** gab er nach.

c) **Missmutig / Mißmutig aß / ass** er die Suppe. d) Ohne **Fleiß / Fleiss** kein Preis.

9 *a) Unterstreiche die Wörter im Text, die falsch geschrieben sind und notiere ein* **R** *am Rand.*
b) Notiere jeweils daneben die Nummer der verletzten Regel, z. B.: **R, vgl. Regel Nr. ...**

10 *Findest du alle fünf Rechtschreibfehler im Text? Ergänze die folgende Tabelle.*

Rechtschreibfehler	Regel (in Kurzfassung)	Verbesserung
Z. 7:		

Aufgabentyp 5 – Einen Text überarbeiten

11 *Suche dir aus der Tabelle zwei möglichst unterschiedliche Fehler aus und formuliere mit Hilfe deiner Randnotizen einen Verbesserungsvorschlag.*

Beispiel A: _____

_____

Beispiel B: _____

_____

D Den Schreibplan erstellen

1 *Prüfe nun, ob du alle Fehler markiert und am Rand richtig gekennzeichnet hast (SB, A, R).*

2 *Schreibe mit Hilfe deiner Vorarbeiten eine überarbeitete Fassung vom letzten Abschnitt der Buchempfehlung (Z. 22–24).*

3 *Begründe deine Veränderungen im letzten Abschnitt (mit Beispiel und Regelverstoß) hinsichtlich Ausdruck, Satzbau und Rechtschreibung. Arbeite dazu in deinem Heft.*

E Den Text überarbeiten

1 *Ein Schüler hat zur Übung den vorletzten Abschnitt überarbeitet. Er enthält viele Wiederholungen und weitere Fehler. Achte auf die Unterstreichungen und schreibe den Abschnitt mit Hilfe des Wortspeichers neu.*

> Im ersten Satz steht der Ausdruck „knallhart". Den habe ich verbesert, weil das nämlich Umgangssprache ist. Im zweiten Satz steht der Ausdruck „total geil". Den habe ich auch verbessert, weil das ist auch Jugendsprache.
>
> _____
> _____
> _____
> _____

Wortspeicher
ersetzen durch
Begriff
Wort
Kausalsätze
umstellen
Verb / Adjektiv
statt dessen
verwenden

2 *Prüfe anhand der folgenden Checkliste, an welchen Stellen du deinen Aufsatz noch überarbeiten solltest.*

☑ Checkliste „Buchempfehlung überarbeiten"

	+	−
Hast du im gesamten Text …		
□ … sechs Ausdrucksfehler, zwei Satzbaufehler und fünf Rechtschreibfehler gefunden?	□	□
□ … alle Fehler im Text deutlich markiert?	□	□
□ … alle Fehler am Rand gekennzeichnet?	□	□
□ … für alle Fehler am Rand den Regelverstoß notiert?	□	□
Hast du im letzten Abschnitt …		
□ … jeweils einen Satzbau-, Ausdrucks- und Rechtschreibfehler überarbeitet?	□	□
□ … alle Änderungen mit Beispiel und Regelverstoß begründet?	□	□

■ UMGANG MIT TEXTEN UND MEDIEN

Christian Buß: Wenn der Mullah-Wecker rappelt ... – Einen medialen Text analysieren

Die Fernsehserie „Türkisch für Anfänger" war die erste deutsche Produktion, die international viel Beachtung fand und mit einem Preis ausgezeichnet worden ist. **Untersuche den Artikel** „Wenn der Mullah-Wecker rappelt ... "
1. Lies den Text und fasse seinen Inhalt kurz zusammen.
2. Benenne die Position des Autors und stelle dar, mit welchen sprachlichen Mitteln er im Text arbeitet.
3. Nimm kurz Stellung dazu, wie der Autor die Serie beurteilt.

Christian Buß

Wenn der Mullah-Wecker[1] rappelt ...

Über Migranten macht man keine Witze? Lachhaft! Im deutschen Fernsehen darf neuerdings über deutsch-türkisches Familienleben herzlich gelacht werden. Bestes Beispiel dafür ist die Sitcom[2] „Türkisch für Anfänger".

5 **1** Es gibt für Töchter in der Pubertät nur eines, was schlimmer ist als spießige Mütter: Mütter, die sich krampfhaft bemühen, nicht spießig zu sein: „Kann ich reinkommen oder masturbierst du gerade?", flötet die freizügige Mama Doris ins Jugendzimmer von Lena, die darauf angeekelt das Gesicht verzieht. Für manche Tochter aus türkischem Hause gibt es dagegen vielleicht nichts Schlimmeres als einen liberalen Vater, der die
10 Regeln des Korans missachtet. Yagmur jedenfalls, die aus Überzeugung Kopftuch trägt und sich morgens von einem scheppernden Mullah-Gebetswecker wecken lässt, findet den religiösen Schlendrian ihres Vaters Metin bedenklich: Der Typ weiß ja nicht mal, was der Ramadan[3] ist!

2 Lena, Doris, Metin und Yagmur sind Teil jener deutschen und türkischen Patch-
15 workfamilie[4], die man für die ARD-Vorabendserie „Türkisch für Anfänger" in ein gemeinsames Eigenheim gesperrt hat. Hinzu kommt auf deutscher Seite der kleine Knirps Nils und auf türkischer Seite der 17-jährige Cem, der meint, darauf achten zu müssen, dass die Frauen im Haus nicht immer halb nackt durch die Gegend rennen. Sechs Menschen und jede Menge Vorurteile unter einem Dach. Doch das Schöne an dieser Mi-
20 schung aus Situationskomödie, Seifenoper und klassischer Vorabendserie ist, dass für jedes zementierte Klischee ein anderes in Frage gestellt wird. „Türkisch für Anfänger" ist Multikulti ohne moralischen Zeigefinger – Multikulti, das auch unterhalten darf.

3 Das Rezept für die erfolgreiche Serie klingt einfach, aber die Macher der Serie haben letztlich einen schwierigen Auftrag zu erfüllen: Serien-Oldies wie „Ich heirate eine Fami-
25 lie" zeitgemäß aufzupeppen und ein bisschen deutsch-türkische Normalität in den heimischen Vorabend zu schmuggeln. Zwar erzählt deutsches Kino regelmäßig spannende Geschichten über das Leben türkischer Migranten und das Fernsehpublikum lacht Tränen über Komiker wie Kaya Yanar in der Sendung „Was guckst Du!". Doch türkische Lebenswelt findet im deutschen TV-Alltag bislang nicht statt. Alle zaghaften Versuche
30 in diese Richtung scheiterten an zu schwachen Zuschauerquoten.

4 Bora Dagtekin, Chefautor von „Türkisch für Anfänger", ist seiner Sache sicher: „Türken haben viel Humor." Er ist zwar erst 27, betreut mit der Vorabendserie aber schon eines der ehrgeizigsten Projekte der ARD. Der Erfolg wird jedoch nicht nur vom Spaßverständnis der Migranten abhängen, sondern auch vom Humor der Zuschauer und Pro-
35 grammgewaltigen der ARD. Denn man hat der Serie einen zentralen Sendeplatz eingeräumt, sie muss also mehr Zuschauer an den Bildschirm locken als die gefloppte Soap „Sophie – Braut wider Willen". Weniger altdeutscher Adel, mehr deutsch-türkischer Alltag: Das klingt doch ganz reell.

5 Allerdings wird man „Türkisch für Anfänger" auch an dem Erfolg von „Berlin, Berlin" messen. Diese Produktion hat den ARD-Vorabend vor einigen Jahren über mehrere Staffeln für jüngere Menschen attraktiv gemacht. Sicherheitshalber hat man deshalb ein paar der „Berlin, Berlin"-Regisseure verpflichtet, die in der neuen Sitcom für die gewohnten Lacher sorgen sollen. Doch Hauptdarstellerin Josefine Preuß, die als Lena eigentlich ganz gelungen durchs türkische Chaos führt, sollte in Zukunft ein bisschen aufs Augenrollen, Schnutenziehen und In-die-Kamera-Schnauben verzichten. Auch sie kennen wir aus „Berlin, Berlin", aber was dort ein hübsches Markenzeichen war, wirkt hier streckenweise etwas gewollt komisch.

6 Man muss der Serie einfach genug Zeit lassen, sich zu entwickeln – und hoffen, dass die Programmmächtigen der ARD das ebenfalls tun. Man beginnt, die lächerlichen Figuren über die verschiedenen Folgen tatsächlich ins Herz zu schließen: z.B. die liberale Mutter (Anna Stieblich), die mit ihrer Freizügigkeit die Entfaltung ihrer Kinder eher einengt als sie zu fördern, genauso wie den völlig eingedeutschten Vater (Adnan Maral), der ungläubig mit anschaut, dass Sohn und Tochter türkischer werden, als er es je war. Chefautor Bora Dagtekin, selbst in einem Haushalt mit deutscher Mutter und türkischem Vater aufgewachsen, provoziert gern mit humorvollen Pointen[5], platziert sie aber politisch korrekt und ausgewogen auf Kosten beider Kulturgruppen.

7 Am Anfang wirkt der Plot[6] allerdings überfrachtet. Der fröhlich-respektlose Umgang mit den Religionen nervt dann schon mal. Dass etwa das aufmüpfige Wunderkind Lena für drei Minuten trotzig zum Judentum übertritt, um es sich gleich wieder anders zu überlegen, ist einfach zu viel. An anderen Stellen fallen schwer wiegende Konflikte plötzlich unter den Tisch. Auch in einer Sitcom sollte man Themen weiterführen, wenn man sie ins Spiel gebracht hat.

8 In den weiteren Folgen kommt die Serie etwas zur Ruhe, ohne an Pointendichte zu verlieren: Einfach nett, wie sich die fortschrittlichen Alten widerwillig auf ihre Kinder einlassen, die sich nach Regeln und Traditionen sehnen: Die lockere deutsche Mutter, die nichts dagegen hätte, wenn ihre Tochter ein bisschen mehr mit Drogen und Sex experimentieren würde, stellt ein paar eiserne Haushaltsvorschriften für das Kind auf. Und der islamkritische türkische Vater lässt sich von seiner Tochter zum Fasten überreden. Der „Kampf der Kulturen" – hier wird er zum drolligen Gefecht der Generationen.

Spiegel Online, 14. März 2006

1 **Mullah-Wecker:** Wecker, der mit dem Gebetsruf des Muezzins klingelt
2 **Sitcom:** Situationskomödie, im Hintergrund oft von Gelächter begleitet
3 **Ramadan:** Fastenzeit im Islam
4 **Patchworkfamilie:** Familie, in der neben eigenen Kindern auch Kinder aus vorherigen Beziehungen leben
5 **Pointe:** scharfsinniger Witz, scherzhafter Höhepunkt
6 **Plot:** Handlung in einem Film

A Die Aufgabe verstehen

1 a) Markiere in den Teilaufgaben die Operatoren (vgl. S. 5), die angeben, was du tun sollst.
b) Kreuze an: **In dieser Klassenarbeit sollst du …**

	richtig	falsch
a) … nur das Thema der beschriebenen Familienserie darstellen und erörtern.	☐	☐
b) … die wichtigsten Aussagen des Autors über diese Serie zusammenfassen.	☐	☐
c) … einen Informationstext über alle dir bekannten Seifenopern schreiben.	☐	☐
d) … abschließend darstellen, wie du über die Meinung des Verfassers denkst.	☐	☐
e) … positive und negative Seiten der Serie aus Sicht des Autors wiedergeben.	☐	☐
f) … gar nicht beachten, was der Autor beabsichtigt und wen er ansprechen will.	☐	☐
g) … sprachliche Mittel aus dem Text benennen und ihre Wirkung beschreiben.	☐	☐
h) … für die sprachlichen Mittel im Text jeweils nur den Fachbegriff nennen.	☐	☐

Aufgabentyp 4a – Einen medialen Text analysieren

B Erstes Textverständnis

Unbekannte Wörter klären

1 a) Der Text enthält viele Fachbegriffe aus dem Bereich Film und Fernsehen. Unterstreiche sie und kläre ihre Bedeutung möglichst aus dem Textzusammenhang. Lege in deinem Heft eine Wortliste an.
b) Sind dir dabei weitere Begriffe aufgefallen, die du nicht auf Anhieb verstehst? Unterstreiche sie ebenfalls, schlage sie in einem Wörterbuch nach und notiere ihre Bedeutung ebenfalls am Rand.

Sich einen Überblick verschaffen

2 Lies zunächst den fett gedruckten Vorspann. Was kündigt er an? Markiere die Schlüsselbegriffe in den Zeilen 1–4.

3 Der Artikel richtet sich an Leser wie dich. Welche Fragen fallen dir zu der neuen Serie ein, die der Artikel beantworten sollte? Notiere sie auf einem gesonderten DIN-A4-Blatt.

4 a) Lies den Text nun intensiv. Markiere dazu 3–5 Schlüsselbegriffe in jedem Abschnitt.
b) Worum geht es jeweils? Notiere folgende Überschriften neben dem jeweiligen Abschnitt.

- [ ] Machart, Besonderheit und Ziel der Sitcom
- [ ] Hauptfiguren und Thema der Serie
- [ ] Gelungene Aspekte der Sitcom
- [ ] Serienalltag: Eltern können wirklich nerven
- [ ] Ein junger Autor und ein ehrgeiziges Projekt
- [ ] Negative Kritikpunkte an der Serie
- [ ] Folgerung, Zusammenfassung und Empfehlung
- [ ] Bewährte Regisseure und Darsteller für den Erfolg

Den Inhalt und Aufbau erfassen

5 Hast du den Text verstanden? Welche der folgenden Aussagen über die Serie sind richtig, welche nicht? Kreuze an.

	richtig	falsch
a) Der Film dokumentiert den Alltag in einer echten deutsch-türkischen Familie.	☐	☐
b) In der Serie wird typischer Familienalltag humorvoll auf die Spitze getrieben.	☐	☐
c) Die Serie soll hohe Einschaltquoten erzielen und läuft zur besten Sendezeit.	☐	☐
d) Die Regisseure haben keine Erfahrung mit Sitcoms, der Chefautor auch nicht.	☐	☐
e) In der Serie geht es um eine deutsch-türkische Familie, die es so nicht gibt.	☐	☐
f) Die Serie soll Deutsche in die islamische Religion einführen und will aufklären.	☐	☐
g) Ziel ist, türkische Kultur erfolgreich im deutschen Vorabendprogramm zu senden.	☐	☐

Den ersten Eindruck wiedergeben

6 Sind alle deine Fragen beantwortet? Kannst du dir die Serie jetzt vorstellen oder bist neugierig geworden? Notiere deinen ersten Eindruck vom Text und der Serie in einem Satz.

Der Text ... _____ .

Die neue Serie ... _____ .

Aufgabentyp 4a – Einen medialen Text analysieren

C Übungen

Inhalt und Aufbau des Textes korrekt wiedergeben

1 Welche Aufgabe hat der fett gedruckte Vorspann des Artikels (Z. 1–3)? Notiere Ideen dazu.

Der Vorspann soll ... _____

2 Lies den ersten Abschnitt (Z. 5–13). Was ist das Besondere daran? Kreuze die richtige Antwort an.

a) ☐ Der Autor verwendet viel Platz, um alle Figuren der Serie der Reihe nach vorzustellen.

b) ☐ Der Autor springt mitten ins Geschehen der Serie und lässt sie den Leser „miterleben".

c) ☐ Der Autor schreibt gar keine Einleitung, sondern lässt Figuren und Inhalt für sich sprechen.

d) ☐ Der Autor beschreibt zunächst, wie die Serie zu Stande kam und kommt dann zum Inhalt.

3 Um den Text zusammenzufassen, musst du die wesentlichen Aussagen der Abschnitte mit eigenen Worten formulieren. Lege in deinem Heft folgende Tabelle an und fülle sie abschnittsweise aus.

Abschnitt	Inhalt / wesentliche Aussagen (Stichworte)
(1) Z. 5–13	_____

Sprachliche Besonderheiten erkennen und ihre Wirkung beschreiben

4 a) „Wenn der Mullah-Wecker rappelt ..." – Diese Überschrift ist ungewöhnlich. Welche Aussage trifft auf die sprachliche Gestaltung des Titels zu? Kreuze die richtige Aussage an.

Der Titel besteht aus einem / einer ...

(1) ☐ ... Satzgefüge.   (2) ☐ ... Nebensatz.   (3) ☐ ... Hauptsatz.   (4) ☐ ... Assoziationskette.

b) Welche Wirkung hat diese Art von Titel auf einen Leser, der die Serie nicht kennt? Kreuze an.

(1) ☐ Der Titel benennt einen alltäglichen Gegenstand, damit man sich die Serie vorstellen kann.

(2) ☐ Der unvollständige Satz soll unverständlich klingen und wilde Spekulationen begünstigen.

(3) ☐ Der Halbsatz macht neugierig auf das, was dann passiert, und lädt so zum Weiterlesen ein.

(4) ☐ Der Wecker im Titel soll den Leser wachrütteln, hat aber sonst keine Bedeutung in der Serie.

5 a) Im Text gibt es einige sprachliche Besonderheiten. Ordne ihnen durch einen Pfeil die richtige Beschreibung zu.

Textstelle	Beschreibung	Weiteres Beispiel (mit Zeilenangabe)
1. „Kampf der Kulturen" (Z. 69)	A Umgangssprache	_____
2. „Sechs Menschen und jede Menge Vorurteile unter einem Dach". (Z. 18–19)	B gleicher Wortanlaut (Alliteration)	_____
3. „Über Migranten macht man keine Witze? Lachhaft!" (Z. 1)	C unvollständiger Satz (Ellipse)	_____
4. „der Typ" (Z. 12)	D Wortspiel	_____

b) Markiere anschließend im Text weitere Beipiele für diese sprachlichen Besonderheiten und ergänze in der Tabelle jeweils ein Beispiel mit Zeilenangabe.

Aufgabentyp 4a – Einen medialen Text analysieren

6 Dieser Auszug aus einem Aufsatz enthält Zitierfehler. Korrigiere sie mit Hilfe des Tipps auf Seite 57. Fallen dir noch weitere Fehler auf? Notiere für sie jeweils einen Verbesserungsvorschlag am Rand.

> Eine Sitcom lebt von Situationskomik, da folgt eine lustige Szene auf die andere. Im Text ist das ähnlich, gleich zu Beginn musste ich lachen, denn es gibt „für Töchter in der Pubertät (Z. 4) echt nichts Schlimmeres als Mütter, die einen auf cool machen. Lustig fand ich auch den Satz über den älteren Bruder Cem, der meint, darauf achten zu müssen, dass die Frauen nicht immer halb nackt durch die Gegend rennen" (Z. 17-18). Das Wort Programmgewaltigen (Z. 35) ist mir außerdem aufgefallen, das hat sich der Autor ausgedacht – was zum schmunzeln, aber eben kein Fachbegriff aus dem Film.

7 a) Gibt es im Text Stellen, über die du lachen konntest? Markiere sie mit einer neuen Farbe.
b) Versuche an einem Beispiel deiner Wahl zu beschreiben, warum die Textstelle lustig wirkt.

Die Position des Autors klären

8 Markiere die positiven und negativen Aspekte farbig und lege in deinem Heft folgende Tabelle an:

Positive Aspekte der Serie	Negative Aspekte der Serie

9 Welches Urteil möchte der Autor den Lesern insgesamt über die Serie vermitteln? Fasse seine Bewertung in einem Satz zusammen. Wähle dazu die Schlussfolgerung aus, die am ehesten zutrifft.

A ☐ Christian Buß nennt so viele Kritikpunkte und macht die Serie so lächerlich, dass ...

B ☐ Die Begeisterung des Autors über die Serie ist so einladend, dass man sie als Leser ...

C ☐ Die Meinung des Verfassers zu der neuen Serie fällt überwiegend positiv aus: ...

Zur Position des Autors Stellung nehmen

10 a) Kennst du die Serie? Würde sie dir gefallen? Begründe deine Meinung. Notiere dazu in der Tabelle aus Aufgabe 8 ein ⊕ für Aspekte, die dir gefallen, und ein ⊖ für Punkte, die dir missfallen.
b) Überlege auch, was du von der Thematik der Serie hältst, und wie du ihren Erfolg einschätzt. Notiere dazu an dieser Stelle einige Stichworte:

Über die Thematik denke ich, dass ...

Den Erfolg der Serie ...

Aufgabentyp 4a – Einen medialen Text analysieren

D Einen Schreibplan entwickeln

1 *Ergänze die fehlenden Angaben in der Einleitung (Autor, Titel des Artikels, Quelle und Hauptaussage(n) des Textes).*

Der Artikel „Wenn der Mullah-Wecker rappelt ..." von _____ erschien am

_____ auf der Website zum Magazin _____. Der Autor stellt

darin die Fernsehserie _____ kurz inhaltlich vor und nimmt dann kritisch dazu

Stellung. In seiner Stellungnahme wird deutlich, dass _____

_____

_____.

2 *Fasse am Anfang des Hauptteils den Text abschnittsweise zusammen. Nutze dafür deine Ergebnisse aus Teil B (Aufgabe 4) und Teil C (Aufgaben 1–3). Du kannst folgende Textbausteine verwenden:*

- In der Situationskomödie „Türkisch für Anfänger" geht es um den Alltag ...
- Damit jeder Leser „im Bilde ist", schildert der Autor eingangs Szenen, die ...
- Erst im zweiten Abschnitt stellt er ...
- Danach geht der Autor auf das „Rezept" der Serie ein, die ...
- Christian Buß beschreibt auch, was der Sender von der Fernsehserie erwartet, nämlich ...
- Erfolgreiche Regisseure sollen garantieren, dass ...
- Lobend äußert sich der Autor des Textes zu ...
- Außerdem bringt Christian Buß den Wunsch zum Ausdruck, dass ...
- Der Verfasser benennt jedoch auch einzelne Punkte, die ihm an der Serie missfallen, und zwar ...
- Abschließend gibt Buß zu erkennen ...

3 *Äußere dich anschließend zu sprachlichen Besonderheiten des Textes und ihrer Wirkung. Verwende für den zweiten Teil des Hauptteils deine Ergebnisse aus C (Aufgaben 5–7).*

4 *Setze dich im Schlussteil deines Aufsatzes mit der Meinung auseinander, die der Autor zu der Serie vertritt. Greife dafür auf deine Notizen zu den Aufgaben 8–10 aus Teil C zurück. Du kannst so beginnen:*
Insgesamt stimme ich der Meinung des Autors zu / nicht zu. Dass in der Serie der Alltag einer deutsch-türkischen Familie in dieser Weise im Fernsehen dargestellt wird, finde ich daher ...

E Den eigenen Text überarbeiten

1 *Gehe nun Punkt für Punkt die Checkliste durch und überarbeite deinen Text, wo es nötig ist.*

✓ Checkliste „Textanalyse"

Hast du ...   ⊕   ⊖

- ... in der Einleitung Autor, Titel, Quelle und Hauptaussage des Textes genannt?
- ... den Inhalt des Textes abschnittsweise mit eigenen Worten wiedergegeben?
- ... sprachliche und inhaltliche Besonderheiten und ihre Wirkung beschrieben?
- ... die Position des Autors dargestellt, also Lob und Kritik an der Serie erwähnt?
- ... dargestellt, ob bzw. in welchen Punkten du derselben oder anderer Meinung bist?
- ... deinen Aufsatz durch Absätze für die einzelnen Schritte übersichtlich gestaltet?
- ... Umgangssprache vermieden und korrekt aus dem Original zitiert (mit Zeilenangabe)?
- ... deinen gesamten Text auf korrekte Rechtschreibung und Zeichensetzung überprüft?

UMGANG MIT TEXTEN UND MEDIEN

Willi Fährmann: Die letzte Fähre – Eine Erzählung analysieren

1. Analysiere die Erzählung „Die letzte Fähre" von Willi Fährmann. Gehe so vor:
   – Fasse den Inhalt kurz zusammen.
   – Beschreibe das Verhalten der Figuren, besonders das Verhalten von Christian.
   – Erläutere den Vergleich von Schmidtbauer: „Du warst wie ein Lamm im Wolfspelz" (Z. 69).
2. Beurteile das Verhalten von Christian.

Willi Fährmann

Die letzte Fähre 1986

Die Geschichte spielt im April 1933 in Deutschland. Adolf Hitler ist an die Macht gekommen. Der Hitlergruß kennzeichnet seine Anhänger, die Nationalsozialisten. Bewaffnete und uniformierte Männer der Sturmabteilung (SA) terrorisieren alle, die sich gegen Hitler aussprechen. Besonders Juden zählen zu ihren Opfern: Sie werden öffentlich beschimpft, bedroht, ihre Geschäfte werden demoliert und geplündert. Als auch bei Vater Mandelbaumer eingebrochen wird, sorgt er sich um das Leben seiner Tochter Elfie und schickt sie mit einem Koffer voll Geld nach Holland. Christian, ein Freund der Familie, begleitet sie bis zu einem Fluchthelfer, Herrn Schmidtbauer, der sie über die Grenze bringen soll. Nur den Rhein müssen sie noch überqueren. Es ist die letzte Überfahrt an diesem Tag, aufziehender Nebel verschlechtert die Sicht.

Der Fährmann hatte sich auf dem Steuerhaus hinter dem Steuerruder niedergehockt, hielt das Kinn in die Hände gestützt und schaute auf den Fluss. Der Junge unterhielt sich leise mit einigen Fahrgästen, die wohl zu den Leuten gehörten, die regelmäßig die Fähre benutzten. „Ihr seid spät dran heute", sagte er zu zwei Männern in weißen Arbeitsanzü-
5 gen. Christian wurde erst aufmerksam, als der jüngere der beiden ziemlich laut antwortete: „Viel zu tun in diesen Tagen. Im Kaufhaus haben sie alle Schaufensterscheiben zerschlagen und geplündert haben sie auch." „Ja, endlich geht's den Juden an den Kragen", mischte sich der Kutscher ein. „Wird auch höchste Zeit, dass das Pack eins auf die Nase kriegt." „Eine Schande ist das, was sie mit den Leuten machen", widersprach die ältere
10 Frau, die neben Elfie und Christian stand, doch sie sagte das so leise, dass wohl nur wenige sie verstehen konnten. „Hör nicht hin", flüsterte Christian Elfie zu. Er legte ihr den Arm um die Schultern und spürte ihr Zittern. Er wollte sie trösten, aber was sollte er sagen?
Der Fährmann stand auf und rief dem Jungen zu: „Theo, mach die Taue los. Es wird Zeit
15 für uns." Genau in diesem Augenblick fuhren sie mit ihren Fahrrädern den Deich herab. Ungefähr ein Dutzend[1] SA-Leute wollte noch auf die Fähre. Die eisenbeschlagenen Stiefel knallten auf die Decksplanken. „Heil Hitler", riefen sie.
Sie drängten sich bis zu dem Fuhrwerk hindurch. Zwei junge Burschen standen dicht bei Elfie und Christian. Der ältere klemmte ein Transparent, auf dem in fetten Buchstaben
20 stand: „Die Juden sind unser Verderben", zwischen die Gitterstäbe der Reling. Das Transparent behinderte die Sicht des Fährmanns ein wenig, doch der sagte nichts. „Wir haben denen in Wesel eingeheizt", rief ein ganz junger SA-Mann. „Und das war erst der Anfang. Läuse im Pelz muss man knacken." Die Frau, die kurz zuvor noch ihr Missfallen geäußert hatte, spie über die Reling ins Wasser, aber sie sagte nichts mehr. Der Dieselmotor wurde
25 auf Touren gebracht, die Fähre legte ab. Sie ließ noch einen Schleppzug vorüber. Der Schlepper zog mit der Strömung an langen, durchhängenden Stahltrossen vier oder fünf tief liegende Kähne auf Holland zu. Sie zeichneten sich vor dem Damm schemenhaft ab. Als der Zug vorüber war, gab der Fährmann Gas.

Sie waren nicht mehr weit von der Stelle entfernt, an der das Wasser an das jenseitige Ufer prallte, da schrie der Junge: „Mensch, da schleppt er ja noch einen hinter sich her." Dicht unter dem Ufer, nur etwa fünfzig Meter stromauf, glitt der Schatten eines Lastkahns heran. Der Fährmann riss hart das Steuer herum, sodass die Bugspitze der Fähre gegen den Strom einschwenkte. Eine Frau schrie gellend auf. Einen Augenblick schien es, als ob das Unglück nicht mehr abzuwenden sei, aber dann schrammte der Kahn keinen halben Meter an der Fähre vorbei. Schon atmeten die Leute auf, da berührten sich die Schiffe und mit einem harten Stoß wurde die Fähre vom Heck des Kahns getroffen. „Schmah, Israel!"² entfuhr es Elfie. Ruhig drehte der Fährmann die Fähre wieder auf das Ufer zu. „Nichts passiert, Leute", versuchte er die Fahrgäste zu beruhigen. Einer der SA-Leute drehte sich um, starrte Elfie an und fragte: „Was habe ich da eben gehört?" „Nichts, nichts", sagte Christian. „Sie ist eine Judengöre", rief der SA-Mann jetzt laut. „Wieso denn?", wollte die Frau neben Elfie wissen. Der ältere SA-Mann drängte sich heran. „Was ist?", fragte er. „Sie hat gerade wie die Juden ihren Gott angerufen, Truppführer. Ich hab's genau gehört. Schmah, Israel. Genau diesen Satz hat sie gesprochen!" „Zeig deinen Ausweis", forderte der SA-Führer Elfie auf. „Aber wieso denn?", protestierte die Frau. „Halt die Klappe, Oma", fauchte der Jüngere sie an. „Hast du wohl noch nicht gehört, dass die SA jetzt Polizeigewalt hat, was?" „Ihr seid mir schöne Polizisten", nörgelte die Frau. Elfie hatte inzwischen ihren Ausweis aus der Handtasche geholt und hielt ihn dem SA-Mann hin. Wenn Elfie ihren Koffer öffnen muss ... Wenn sie das viele Geld und den Brief finden, dann ist es aus, schoss es Christian durch den Kopf. Die Fähre war jetzt nur noch wenige Meter vom Ufer entfernt. Christian tuschelte Elfie zu. „Frag nicht lange und tu, was ich sage. Schnapp gleich deinen Koffer und lauf zu. Der Schmidtbauer steht mit seinem Motorrad schon am Steiger³ und wartet auf uns." Der SA-Mann griff nach dem Ausweis, blätterte und rief: „Mandelbaumer, ein schöner Name für eine Judenschickse⁴." Unmittelbar bevor die Fähre an Land glitt, ließ sich Christian über die Reling ins Wasser fallen. „Mann über Bord", brüllte der Junge. Er riss den Rettungsring vom Haken und warf ihn ins Wasser.

Christian platschte mit seinen Händen auf das Wasser, versank und tauchte wieder auf, wurde von der starken Strömung am Prallhang von der Fähre weggetrieben und war schnell einige Meter entfernt. Er erwischte den Rettungsring nicht, schrie um Hilfe und ruderte verzweifelt, um nicht vollends zu versinken. Der jüngere SA-Mann streifte sein Braunhemd über den Kopf, zog hastig die Schuhe aus und setzte mit einem Hechtsprung Christian nach. Er erreichte ihn nach einigen kräftigen Kraulschlägen und schleppte ihn weit unterhalb der Anlegestelle ans Ufer. Niemand außer Elfie wusste, dass Christian ein ausgezeichneter Schwimmer war. Während alle gebannt der Rettungstat zuschauten, schlich sie sich heimlich von der Fähre.

Erst spät kam Christian beim Schmidtbauer an. „Meine Retter haben mich noch in ihr Stammlokal ‚Zur Post' geschleift", sagte er. „Ich musste ihnen ein Bier und einen Schnaps ausgeben. Und ein Braunhemd hat der Wirt mir geliehen, bis meine Sachen halbwegs trocken waren." „Du warst wie ein Lamm im Wolfspelz", lachte der Schmidtbauer. In der folgenden Nacht brachte er Elfie auf Schleichpfaden über die Grenze.

1 **Dutzend:** zwölf Mann
2 **Schmah, Israel:** Gebet der Juden (Höre, Israel ...)
3 **Steiger:** (hier) Anlegestelle
4 **Schickse:** Schimpfwort

Aufgabentyp 4a – Einen literarischen Text interpretieren

A Die Aufgabe verstehen

1 a) *Markiere dir die Schlüsselwörter in den Aufgaben.*
b) *Was sollst du tun? Kreuze jeweils an:*

Du sollst …	trifft zu	trifft nicht zu		trifft zu	trifft nicht zu
a) … die Fährfahrt nacherzählen.	☐	☐	e) … den Spannungsbogen darstellen.	☐	☐
b) … die Erzählung zusammenfassen.	☐	☐	f) … alle Figuren charakterisieren.	☐	☐
c) … nur die SA-Leute charakterisieren.	☐	☐	g) … die Stimmung an Bord darstellen.	☐	☐
d) … Elfies Gefühlslage beschreiben.	☐	☐	h) … Christians Verhalten bewerten.	☐	☐

B Erstes Textverständnis – Ideen entwickeln

1 *Wie wirkt die dargestellte Situation auf dich? Notiere deinen ersten Eindruck nach dem Lesen.*

_____

_____

2 *Lies die Geschichte nun gründlich durch. Markiere mit je einer Farbe alle die Stellen, die …*

– … die Hetze der SA-Männer gegenüber Juden deutlich machen (Farbe: _____),

– … die Reaktionen der Passagiere auf dieses Verhalten schildern (Farbe: _____),

– … das Verhalten des jüdischen Mädchens Elfie beschreiben (Farbe: _____),

– … Christians Gedanken, Gefühle und Reaktionen widerspiegeln (Farbe: _____).

3 *Wie schätzt du die Situation auf der Fähre für Elfie und Christian ein?*

Die größten Gefahren bestehen darin, dass …	richtig	falsch
a) … der Fährmann durch das Plakat und den Nebel schlechte Sicht hat.	☐	☐
b) … Christian sich nicht lange genug über Wasser halten kann.	☐	☐
c) … ein Fährunfall und Elfies Entdeckung durch die SA drohen.	☐	☐
d) … Elfie von der SA als Jüdin erkannt und ihre Flucht verhindert wird.	☐	☐
e) … die SA-Männer das Geld für die Beute aus einem Bankraub halten.	☐	☐
f) … eine Jüdin abends nicht in Männerbegleitung unterwegs sein darf.	☐	☐

4 *Versetze dich in Elfies und Christians Lage. Was geht ihnen wohl durch den Kopf, als im letzten Augenblick ein Dutzend SA-Männer auf die Fähre springt (Z. 15–17)? Formuliere ihre möglichen Gedanken und Gefühle.*

Elfie:

Christian:

C Übungen

Die Figuren charakterisieren

1 *Welche Beschreibung trifft dem Text nach auf die SA-Männer zu? Streiche die unpassende Formulierung durch. Lies die entsprechende Stelle im Text nach, wenn du unsicher bist.*

Schon der erste Auftritt der SA-Männer wirkt *bedrohlich/aggressiv/Vertrauen erweckend*, wenn es heißt: „Die eisenbeschlagenen Stiefel knallten auf die Decksplanken" (Z. _____). Der Hitlergruß (Z. _____) kennzeichnet sie als *überzeugte Nationalsozialisten/ganz harmlose Mitbürger*. Sie erscheinen *zu zweit/zu zwölft* (Z. _____) und nehmen *wenig/viel* Rücksicht auf die anderen Fahrgäste (Z. _____). *Diese Bekanntschaft/Die Macht der SA-Männer* zeigt sich auch daran, dass sie ein Plakat aufhängen, ohne den Fährmann um Erlaubnis zu fragen, der *laut/gar nicht* widerspricht (Z. _____). Die Aufschrift des Plakats (Z. _____) macht *die Juden/das Fährpersonal* schlecht und zeigt eine Methode, mit der man *Juden/einfache Leute* verfolgt und diskriminiert hat. *Widerspruch/Zustimmung* wird nicht geduldet: Mit *drohenden Gesten/den Fäusten/unverschämten Äußerungen* bringen die SA-Leute Andersdenkende *zur Vernunft/zum Schweigen* (Z. _____). Die *unvoreingenommene/verächtliche/respektvolle* Haltung gegenüber Juden zeigt sich nicht nur daran, dass sie Juden als *Tiere/Ungeziefer* bezeichnen (Z. _____) und Elfie *beschimpfen/mit ihrem Namen ansprechen* (Z. _____), sondern auch daran, dass sie nach ihren Aktionen *laut herumprahlen/leise auftreten* (Z. _____).

2 *Ordne den Figuren durch Linien die richtigen Aussagen bzw. Verhaltensweisen zu (mit Zeilenangabe). Formuliere in einem Stichwort, welche Einstellung gegenüber Juden daraus spricht.*

Figur	Aussage/Verhalten (Zeile)	Einstellung
a) Die ältere Frau:	1. „Wird auch höchste Zeit, dass das Pack eins auf die Nase kriegt." (Z. _____)	negativ: hegt Abneigung gegen Juden
b) Der junge SA-Mann:	2. „Eine Schande ist das, was sie mit den Leuten machen." (Z. _____)	
c) Der Kutscher:	3. täuscht für Elfie einen Notfall vor. (Z. _____)	
d) Der Fährmann:	4. bringt Elfie heimlich über die Grenze. (Z. _____)	
e) Christian:	5. „Läuse im Pelz muss man knacken." (Z. _____)	
f) Schmidtbauer:	6. „Theo, mach die Taue los. Es wird Zeit …" (Z. _____)	

(Linie verbindet a) Die ältere Frau mit Aussage 2.)

3 *Die sechs Figuren haben unterschiedliche Eigenschaften. Ordne sie jeweils zu.*

mutig, boshaft, gemein, couragiert, provozierend, vorausschauend, beschützend, reaktionsschnell, unwillig, beschwichtigend, umsichtig, unbeteiligt, verärgert, zupackend, überlegen, vorsichtig, entschlussfreudig, besonnen, aggressiv, verantwortungsbewusst, hilfsbereit, begriffsstutzig, unfreundlich, unhöflich, unparteiisch, schlagfertig, spontan, humorvoll, gelassen

Aufgabentyp 4a – Einen literarischen Text interpretieren

4 Wie schätzt du Christians Verhaltensweisen ein? Ergänze folgende Tabelle.

Christians Verhalten	Bewertung / Einschätzung
Z. 11–12: „Hör nicht hin", flüsterte Christian Elfie zu. Er legte ihr den Arm um die Schultern.	Er will Elfie trösten, als ...
Z. 39–40: „Nichts, nichts", sagte Christian.	
Z. 50–51: „Frag nicht lange und tu, was ich sage. Schnapp gleich deinen Koffer und lauf ..."	
?	

Die Kernaussage eines Textes verstehen

5 Die Bedrohung, die von den Nationalsozialisten für Juden und ihre Helfer ausging, war nicht zu unterschätzen. Ist dir das Ausmaß klar? Kreuze die richtigen Antworten an.

a) Wer als Jude/Jüdin in der NS-Zeit überlebt hat, musste ...

a) ☐ ... Glück im Unglück haben. b) ☐ ... sehr mutig sein. c) ☐ ... mit Hitler befreundet sein.
d) ☐ ... pfiffige Helfer haben. e) ☐ ... untertauchen. f) ☐ ... einen kühlen Kopf bewahren.

b) Überlege, welches Ereignis für den Ausgang der Geschichte entscheidend ist. Kreuze an:

a) ☐ die Überfahrt b) ☐ Christians Rettung c) ☐ der Zusammenstoß d) ☐ Elfies Rettung

c) Wie könnte vor diesem Hintergrund der Titel der Erzählung auch lauten? Entscheide und begründe kurz:

(1) In letzter Sekunde   (2) Glück gehabt   (3) Das Ablenkungsmanöver
(4) Auf der Flucht   (5) Die gute Tat   (6) Ein mutiger Freund

_____
_____

6 a) Was bedeutet das Sprichwort *„Er ist wie ein Wolf im Schafspelz"*? Kreuze die zutreffende Aussage an.

Der Vergleich bedeutet, dass ein ...

a) ☐ ... Schaf zum gefährlichen Wolf wird.   b) ☐ ... Schaf durch den Fleischwolf gedreht wird.
c) ☐ ... Wolf seinen Winterpelz verliert.   d) ☐ ... Wolf sich mit dem Fell eines Schafes tarnt.

b) Wie verstehst du in diesem Zusammenhang Schmidtbauers veränderte Fassung des Sprichwortes? Erkläre es mit deinen eigenen Worten.

_____
_____

Aufgabentyp 4a – Einen literarischen Text interpretieren

D Den Schreibplan erstellen

1 *Plane, wie du beim Schreiben vorgehen willst. Nummeriere dazu die folgenden Zwischenüberschriften in einer sinnvollen Reihenfolge, die zur Aufgabenstellung passt.*

- [ ] Christians Verhalten
- [ ] Einleitung
- [ ] Figurenverhalten
- [ ] Der Inhalt
- [ ] Schmidtbauers Vergleich
- [ ] So sehe ich Christian

2 a) *Ordne den Überschriften die folgenden Textauszüge zu, indem du sie durchnummerierst. Welcher Abschnitt fehlt?*

A Christian handelt schnell und entschlossen: Er täuscht einen Unfall vor, um die SA-Männer von Elfie abzulenken, und ermöglicht ihr die Flucht. …

B Die ältere Frau gehört zu den Passagieren auf der Fähre, die der SA gegenüber kritisch eingestellt sind. Sie äußert ihre Ablehnung allerdings eher verhalten, …

C Willi Fährmanns Erzählung „Die letzte Fähre" spielt im April des Jahres 1933 in Deutschland. Hauptfiguren sind Elfie Mandelbaumer, ein jüdisches Mädchen, und ihr Freund …

D Nachdem Christian aus dem Wasser gerettet worden ist, völlig durchnässt, leiht ihm der Wirt „ein Braunhemd", wie es die SA-Männer tragen. Als er Schmidtbauer davon erzählt, muss dieser darüber lachen: Das Braunhemd erscheint wie ein Wolfspelz, zumal …

E Die Erzählung handelt von Elfies Flucht vor den Nationalsozialisten. Als es bei der Rheinüberquerung fast zu einem Schiffsunglück kommt, entfährt ihr ein jüdischer Ausruf und man erkennt ihre Herkunft. In letzter Sekunde täuscht ihr Freund Christian …

F ?

b) *Bearbeite nun auf Grundlage deiner Vorarbeiten die Teilaufgaben.*

E Den Text überarbeiten

1 *Überarbeite die folgende Inhaltszusammenfassung inhaltlich und sprachlich. Gehe so vor:*
a) *Nummeriere die Sätze in einer sinnvollen Reihenfolge.*
b) *Überprüfe den Tempusgebrauch: Steht das Präsens überall, wo es hingehört?*
c) *Korrigiere inhaltliche Fehler oder Ungenauigkeiten. Lies im Text nach.*
d) *Prüfe, ob die Zusammenfassung vollständig ist. Ergänze sie gegebenenfalls.*
e) *Schreibe den Text neu: Verbinde die Sätze sinnvoll miteinander und vermeide Wiederholungen.*

> **Inhaltszusammenfassung**
>
> (____) Die Geschichte handelt von zwei Menschen auf der Flucht. (____) Nur mit einem Koffer wollen sie über den Rhein. (____) Mit einem vorgetäuschten Unfall kann Elfie den Männern entkommen. (____) Die Geschichte spielt im April 1933. (____) Elfie ist eine Jüdin, die von ihrem Vater vorsichtshalber außer Landes gebracht werden soll. (____) Die Nationalsozialisten waren damals an der Macht. (____) Als es während der Fährfahrt zu einem Schiffsunglück kommt, wird Elfie von den SA-Leuten als Jüdin erkannt. (____) Nachdem Christian dabei über Bord ging, drohte er zu ertrinken.

VORSICHT FEHLER!

2 *Überarbeite deinen eigenen Text ebenso gründlich mit Hilfe der Umschlagklappe 5.*

Ludwig Jacobowski: Großstadt-Lärm – Ein Gedicht analysieren

1. Analysiere das Gedicht *Großstadt-Lärm* von Ludwig Jacobowski.
   – Stelle dar, wie Stadt und ländliche Natur in diesem Text beschrieben werden.
   – Untersuche formale und sprachliche Mittel und ihre Wirkung.
   – Geh dabei auch auf die Bewertungen des lyrischen Ichs ein, die in der Wortwahl zum Ausdruck kommt.
2. Nimm Stellung, inwieweit du die Erfahrungen des lyrischen Ichs heute noch teilen kannst.

Ludwig Jacobowski
Großstadt-Lärm   1901

Wo bist du, stilles Ackerland,
vom bittern Tagewerk ermüdet,
du grenzenloser Himmelsrand,
von treuen Sternen eingefriedet?

5 O draußen, wo die Nacht sich senkt
Auf Gärten, Heide, Wald und Fluren,
und locker in den Ästen hängt
ein Hauch von Dampf und Silberspuren.

Hier schleiche ich die Mauern lang,
10 die droh'n, auf mich herabzufallen.
Nachtschwärmer kreuzen meinen Gang
Und taumeln in durchlärmten Hallen.

Gejohle aus dem Kellerloch,
bis an die Dächer ein Gebrause, –
15 o Land der Stille, hol mich doch,
hol den Gefangenen nach Hause.

Aufgabentyp 4a – Einen literarischen Text interpretieren

A Die Aufgabe verstehen

1 *Worauf sollst du dich bei der Analyse des Gedichts konzentrieren? Markiere die Schwerpunkte in den Teilaufgaben farbig.*

2 *a) Was gehört außerdem zu einer Analyse? Streiche die falschen Antworten in der Tabelle durch.*

Nr.	Du sollst …	1.	2.
	a) … bei deiner Analyse auf den Titel des Gedichts eingehen.	☐	☐
	b) … von deinem letzten Besuch in der Großstadt bzw. auf dem Land erzählen.	☐	☐
	c) … dich zum Autor des Gedichts, Ludwig Jacobowski, äußern.	☐	☐
	d) … sprachliche Besonderheiten und deren Wirkung beschreiben.	☐	☐
	e) … eine kritische Beurteilung über das Gedicht verfassen.	☐	☐
	f) … die äußere Form des Gedichts (Reimschema, Versform) untersuchen.	☐	☐
	g) … Bezüge zwischen Form und Inhalt herstellen.	☐	☐
	h) … zeigen, wie der Sprecher des Gedichts durch die Wortwahl Wertungen vornimmt.	☐	☐
	i) … begründen, inwieweit das Gedicht noch zeitgemäß ist.	☐	☐
	j) … darstellen, ob du eine Großstadt ähnlich erlebst oder anders wahrnimmst.	☐	☐
	k) … den Inhalt der vier Strophen in wenigen Sätzen zusammenfassen.	☐	☐

b) Kreuze in den beiden Spalten rechts an, zu welchen Teilaufgaben die Arbeitsschritte gehören.
c) Nummeriere die Arbeitsschritte in einer sinnvollen Reihenfolge. Nutze dafür die linke Spalte.

B Erstes Textverständnis – Ideen entwickeln

Der erste Eindruck

1 *Welche Überschrift könnte auch zu dem Gedicht passen? Kreuze an und begründe kurz deine Auswahl.*

a) ☐ Die Sehnsucht nach Stille   b) ☐ Einsamkeit   c) ☐ Langeweile auf dem Land

Ich habe mich für Überschrift _____ entschieden, weil _____

_____

2 *Vollende die Aussage:* Nach dem ersten Lesen spricht mich das Gedicht an / nicht an, weil …

_____

_____

Den Inhalt erfassen

3 *Notiere Stichworte zu den thematischen Schwerpunkten der einzelnen Strophen.*

– Strophe 1: **Land, Weite** _____   – Strophe 3: **Stadt, Lärm** _____

– Strophe 2: _____   – Strophe 4: _____

Aufgabentyp 4a – Einen literarischen Text interpretieren

C Übungen

Die Überschrift beachten

1 *Großstadt-Lärm:* Welche Geräusche fallen dir dazu ein? Notiere deine ersten Ideen und markiere mit einem ⊕ oder ⊖, ob diese Geräusche für dich angenehm oder unangenehm sind.

_____

_____

_____

Die äußere Form beschreiben

2 *Ergänze den folgenden Lückentext mit Hilfe des Tipps.*

Das Gedicht hat _____ Strophen, eine Strophe besteht immer aus _____ Versen. Das Reimschema ist _____, es handelt sich also um einen _____ (Paarreim aabb / Kreuzreim abab / umarmenden Reim abba). Das Versmaß ist fast durchgängig ein _____ (Jambus / Trochäus), nur in den Versen _____ (fünf und fünfzehn / elf und sechzehn) taucht plötzlich ein _____ (Daktylus / Anapäst) auf. Jeder Vers hat _____ Betonungen, die einzige Ausnahme ist Vers _____, dort sind es nur _____ Betonungen.

Metrum
- ☐ Jambus: xx́ xx́ xx́ xx́ ▷ steigende Bewegung
- ☐ Trochäus: x́x x́x x́x x́x ▷ fallende Bewegung
- ☐ Daktylus: x́xx x́xx x́xx ▷ tänzerische Bewegung
- ☐ Anapäst: xxx́ xxx́ xxx́ ▷ vorwärtsdrängende Bewegung

3 a) *Was schließt du daraus? Kreuze die richtige Antwort an.*

Der Rhythmus des Gedichts ist …

a) ☐ … völlig regelmäßig.   b) ☐ … völlig unregelmäßig.   c) ☐ … teils regelmäßig, teils unregelmäßig.

b) *Kreuze auch hier die zutreffende Aussage an.*

Die Stimmung, die durch den Rhythmus ausgelöst wird, ist überwiegend …

a) ☐ … aggressiv.   b) ☐ … eintönig.   c) ☐ … fröhlich.   d) ☐ … niederschmetternd.

Die Sprache untersuchen

4 a) *Kennst du wichtige lyrische Fachbegriffe? Kreuze die jeweils richtige Erklärung an.*

Eine rhetorische Frage ist …
- a) ☐ … eine W-Frage (z. B. Wer? Wie? Was? Wo?).
- b) ☐ … eine Frage, die mit *Ja* oder *Nein* beantwortet wird.
- c) ☐ … eine Frage, auf die man keine Antwort erwartet.

Eine Personifikation ist …
- a) ☐ … ein Mensch, der im Gedicht spricht.
- b) ☐ … eine Vermenschlichung von Gegenständen.
- c) ☐ … eine Bezeichnung für eine Person im Gedicht.

b) *Welche sprachlichen Mittel kommen im Text vor? Markiere mit den jeweiligen Farben Beispiele im Gedicht.*

Aufgabentyp 4a – Einen literarischen Text interpretieren

Die Wirkung sprachlicher Bilder erfassen

5 a) In dem Text wird durch **Personifikationen** eine besondere Bildwelt entfaltet. Dabei werden menschliche Eigenschaften und Verhaltensweisen auf leblose Dinge übertragen. Ordne mit Pfeilen zu und ergänze die Zeilenangaben.

Das Ackerland …	… senkt sich (Z. _____).
Die Mauern …	… sind treu (Z. _____).
Die Nacht …	… ist ermüdet (Z. _____).
Die Sterne …	… droh'n, herabzufallen (Z. _____).

b) Welche Aussage ist sicher falsch? Streiche sie durch:

Die Personifikationen führen dazu, …

a) ☐ … dass das Land wie ein guter Freund erscheint, der einem fehlen kann.
b) ☐ … dass die Menschen keine Rolle mehr spielen, die Dinge sind wichtiger.
c) ☐ … dass z. B. die Stadt ein Eigenleben bekommt und bedrohlicher wirkt.
d) ☐ … dass die Orte, von denen hier die Rede ist, viel anschaulicher werden.

Aussagen über das lyrische Ich treffen

6 a) Kreise im Text die Stellen ein, in denen sich das lyrische Ich zeigt.
b) Kreuze die richtigen Antworten an: Das lyrische Ich ist im Gedicht erkennbar an den …

a) ☐ … Verben.   b) ☐ … Possessivpronomen.   c) ☐ … Personalpronomen.   d) ☐ … Nominalisierungen.

Wertende Ausdrücke bestimmen und ihre Wirkung aufzeigen

7 a) Unterstreiche im Text diejenigen Wörter, die deutlich eine positive bzw. eine negative Stimmung vermitteln.
b) Ordne diese Wörter in der folgenden Tabelle ein und notiere die Stimmung dazu:

Strophe	Verben	Adjektive	Nomen
1	_____	treu ⊕, bittern ⊖, …	_____
	_____	_____	_____
2	_____	_____	_____
	_____	_____	_____
3	_____	_____	_____
	_____	_____	_____
4	_____	_____	Gejohle ⊖, …
	_____	_____	_____

55

Aufgabentyp 4a – Einen literarischen Text interpretieren

c) Was fällt dir auf? Fülle mit Hilfe der Tabelle in dem folgenden Text die Lücken aus.

Zusammenfassend lässt sich sagen, dass die ländliche Natur in Strophe _____ und _____ überwiegend mit _____ Wörtern beschrieben wird, und zwar vor allem durch _____ und _____. Im Gegensatz dazu wird die Stadt in der _____ Strophe _____ überwiegend durch _____ Begriffe beschrieben, hauptsächlich _____. In der _____ Strophe ist dann wieder positiv vom _____ die Rede, das als Ort der Sehnsucht heraufbeschworen wird. In der Wahrnehmung des lyrischen Ichs erscheint _____ paradiesisch, ruhig und friedlich, _____ hingegen als bedrohlich und laut.

Zum Schluss überleiten und Stellung nehmen

8 *Entscheide, welches Beispiel besonders gelungen ist. Prüfe, welche Kriterien jeweils erfüllt sind, und kreuze in der Tabelle die entsprechenden Felder an.*

Beispiel für einen Schluss	an ersten Eindruck angeknüpft?	auf Analyseergebnisse bezogen?	klar zum Text Stellung genommen?	insgesamt sprachlich gelungen?
A Mir hat der Text von L. Jacobowski von Anfang an richtig gut gefallen, weil ich mich in der Stadt auch manchmal nicht wohlfühle. Das Leben in der Stadt kann echt anstrengend sein, bei der Hektik und dem Verkehr in den Großstädten. Das ist ja auch das Hauptthema des Textes. Und es sind eben viele Menschen, die so eng aufeinander Stress machen.	☐	☐	☐	☐
B Beim ersten Lesen hat mich das Gedicht „Großstadt-Lärm" nicht besonders angesprochen, vielleicht deshalb, weil ich mit „Ackerland", „Tagewerk" und anderen Begriffen nicht viel anfangen kann. Nach meiner Analyse verstehe ich den Text besser und finde die Gegensätze zwischen Stadt und Land interessant beschrieben. Die Sehnsucht nach dem Land kann ich jetzt besser nachvollziehen.	☐	☐	☐	☐
C Zusammenfassend kann man sagen, dass das Gedicht vom Gegensatz zwischen bedrohlicher Großstadt und friedlichem Landleben geprägt ist. Wie oben gezeigt, unterstützen die eingesetzten sprachlichen Mittel die Sehnsucht nach diesem friedlichen Land, insbesondere die Personifikationen.	☐	☐	☐	☐

9 *Notiere – ausgehend vom ersten Eindruck und deinen Ergebnissen – Stichworte für deinen eigenen Schluss.*

_____

_____

_____

Aufgabentyp 4a – Einen literarischen Text interpretieren

D Den Schreibplan erstellen

Einleitung – Der erste Satz

1 *In der Einleitung gibst du Autor, Textsorte, Titel, Erscheinungsjahr und Thema an. Verfasse eine vollständige Einleitung, nutze dazu den Wortspeicher.*

_____

_____

Wortspeicher
aus dem Jahr
handelt von
thematisiert
verfasst
geht es um
mit dem Titel

Hauptteil – Analyse

2 *Fasse zunächst kurz den Inhalt zusammen. Nutze deine Ergebnisse aus Teil B, Aufgabe 3.*

3 *Nutze die folgende Tabelle als Gliederungshilfe: Liste wesentliche Analyseaspekte auf und ergänze stichwortartig deine Ergebnisse mit Hilfe der Übungen aus Teil C. Nimm ein DIN-A4-Blatt zur Hilfe.*

Formale und sprachliche Aspekte	Inhaltliche Bedeutung und ggf. Wirkung
Äußere Form	_____
Lyrisches Ich	_____
Wertende Ausdrücke	_____
Sprachliche Bilder	_____

Schluss – eigene Stellungnahme

4 *Formuliere einen Entwurf für deinen eigenen Schluss (s. Teil C, Aufgabe 6).*

5 *Bearbeite nun die Aufgabenstellung in einem zusammenhängenden Text.*

E Den Text überarbeiten – richtig zitieren

> Das Gedicht Großstadt-Lärm beginnt mit der Frage   Wo bist du, stilles Ackerland   Im weiteren Verlauf ist von   treuen Sternen   die Rede. Demgegenüber steht die Stadt, deren Mauern   droh'n, herabzufallen , und zwar   auf mich , d. h. das lyrische Ich.

Zitieren
- Wörtlich übernommene Auszüge (Wörter, ganze Sätze etc.) kennzeichnet man durch Anführungszeichen, z. B.: *Der Text beginnt mit den Worten: „Wo bist du, stilles Ackerland?"*
- Wird eine Textstelle mit Auslassungen zitiert, müssen diese durch Klammern und Auslassungspunkte [...] kenntlich gemacht werden: *Das Land wird als „vom [...] Tagewerk ermüdet" bezeichnet.*
- Nach den abschließenden Anführungszeichen gibt man bei jedem Zitat in Klammern die Verszeile an, in der das Zitat steht: (V. 1–2).

1 a) *Ergänze mit Hilfe des Tipps fehlende Satzzeichen.*
b) *Belege die Zitate durch Angabe der Verszeile.*
c) *Prüfe in deinem Text, ob du überall korrekt zitiert hast.*

UMGANG MIT TEXTEN UND MEDIEN

Schlankheitswahn: Heißt schön sein, mager sein? – Zu Sachtexten Stellung nehmen

Der Tod zweier Mannequins im Jahr 2006 hat in den Medien eine heftige Diskussion ausgelöst, weil die Modebranche immer dünnere Models für ihre Laufstege verpflichtet und als Schönheitsideal inszeniert.
1. **Stelle die wesentlichen Informationen** der Materialien M1, M2 und M3 knapp und präzise **dar**.
2. **Setze die Aussagen** des Diagramms M3 **in Beziehung** zu den Aussagen der Texte M1 und M2.
3. **Nimm kurz Stellung zur** Ausgangsfrage. Beziehe dabei Erfahrungen aus deiner Umgebung mit ein.

M1

Size zero [engl., „Größe null"]   **Lexikonartikel**

1. Bezeichnung für die Damenkonfektionsgröße null im US-amerikanischen Katalog-Größensystem (entspricht in Deutschland Größe 32).
2. Im Lauf des Jahres 2006 aufgekommene Bezeichnung für Körpertypen, die nach verminderter Kalorienzufuhr in Kleidungsstücke dieser Größe passen. Die für **S. z.** notwen-
5 digen Maße entsprechen hierbei der Körperform eines durchschnittlich entwickelten zwölfjährigen Mädchens. In der Modewelt wurde das Problem **S. z.** heftig diskutiert, als die Veranstalter der „Fashion Week" in Madrid im September 2006 fünf untergewichtige Mannequins von der Veranstaltung ausschlossen. Zudem erlagen im Lauf dieses Jahres im Abstand von nur wenigen Monaten zwei Fotomodels dem **S.-z.**-Wahn, nachdem sie
10 sich monatelang nur von Äpfeln und Tomaten bzw. von Salat und Coke zero ernährt hatten. Berühmte Trägerin der **S.-z.**-Größe ist z. B. Victoria Beckham.

Magazin zur Süddeutschen Zeitung, 29. 12. 2006

M2

Im Kampf mit dem eigenen Körper   **Zeitungsartikel**

„**Ich bin zu dick**" von Sandra Müller

1 Vier von zehn Mädchen finden sich zu dick, und jeder achte Junge stöhnt über sein zu hohes Körpergewicht. Das gängige Schönheitsideal vom schlanken Menschen beeinflusst immer mehr Mädchen und mittlerweile auch Jungen. Die Zahl derer, die an einer Essstörung erkranken, steigt immer weiter an.

5 2 Unter Magersucht (Anorexia) versteht man eine Störung des Essverhaltens, bei der eine Person ihr Körpergewicht willentlich und ohne körperlichen Grund drastisch reduziert. Der Begriff „Anorexia" stammt aus dem Lateinischen und bedeutet „Appetitlosigkeit" – was die Krankheit eigentlich gar nicht richtig beschreibt, da die Ursache der Magersucht nicht unbedingt in mangelndem Appetit liegt. Es beginnt damit, dass die
10 betroffenen Mädchen oder Jungen immer weniger essen. Das Auffälligste an der Magersucht ist die extreme Gewichtsabnahme. Magersüchtige verweigern die Nahrung und denken trotzdem immer ans Essen. Ihr Körpergefühl ist gestört – sie erleben sich immer noch als zu dick, auch wenn sie schon völlig abgemagert sind. Manche denken, dass sie von einem Eis drei Kilogramm zunehmen würden.

15 3 In den vergangenen Jahren ließ sich auch bei Jungen und Männern eine extreme Zunahme von Essstörungen beobachten. Seit Fitness zu einem wichtigen Bestandteil des gesellschaftlichen Lebens geworden ist, sind offensichtlich auch immer mehr Männer ständig um ihre Figur besorgt.

4 Viele Models und Schauspielerinnen stehen im Verdacht, magersüchtig zu sein. Un-
20 terdessen geht die Castingshow Germany's Next Topmodel (Deutschlands nächstes Topmodel) in die zweite Runde. Schon während der ersten Staffel entbrannte eine Dis-

kussion um den Schönheitswahn und die Macht der Medien. Junge Mädchen eifern gerne ihren mageren Idolen nach: langbeinig, schmale Hüften, flacher Bauch. Problematisch dabei ist, dass sich ihr eigener Körper in der Pubertät oft ganz anders entwickelt: Fett wird eingelagert, Hüften und Po runden sich. Wenn dann auch noch Klassenkameraden anfangen zu sticheln, geraten viele Jugendliche in einen Konflikt.

5 Oft wird empfohlen, seinen Body-Mass-Index (BMI) zu berechnen, um sein eigenes Gewicht einzuschätzen. Um ihn zu berechnen, multipliziert man seine Körpergröße in Metern mit derselben Zahl, zum Beispiel „1,64 mal 1,64". Dann teilt man sein Gewicht in Kilogramm durch das Ergebnis, beispielsweise 60 durch 2,6896, also etwa 22,31. Wenn der BMI zwischen 19 und 25 liegt, ist das Gewicht normal. Liegt er über 25, ist man etwas übergewichtig. Liegt er unter 19, ist man untergewichtig.

6 Wenn du selbst das Gefühl hast, dass Essen für dich zum Problem wird, oder wenn du immer mehr oder immer weniger isst, weil du traurig bist, dann solltest du mit einer Person deines Vertrauens darüber sprechen.

www.helles-koepfchen.de

M3 Körpergewicht von Kindern und Jugendlichen Grafik

Anteil normalgewichtiger sowie zu dicker und zu dünner Kinder zwischen 0 und 17 Jahren

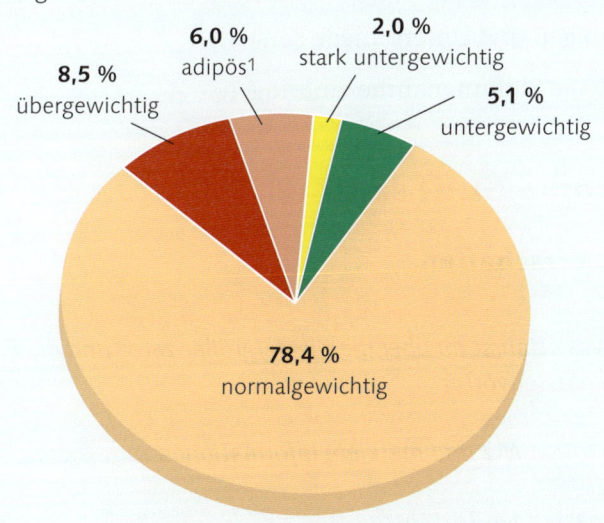

8,5 % übergewichtig
6,0 % adipös[1]
2,0 % stark untergewichtig
5,1 % untergewichtig
78,4 % normalgewichtig

1 **adipös**: fettleibig

www.learn-line.nrw.de

Aufgabentyp 4b – Zu Medientexten Stellung nehmen

A Die Aufgabe verstehen

1 *Welche der folgenden Aussagen trifft zu, welche nicht? Kreuze an.*

Du sollst in der Klassenarbeit …	richtig	falsch
a) … Informationen aus den vorliegenden Materialien entnehmen.	☐	☐
b) … auf das Diagramm nur eingehen, wenn es deiner Erfahrung entspricht.	☐	☐
c) … eine Inhaltsangabe zu einem der Materialien verfassen.	☐	☐
d) … die aus den Materialien gewonnenen Informationen miteinander vergleichen.	☐	☐
e) … die Frage beantworten, indem du deine Meinung zum Thema darstellst.	☐	☐

2

In der Stellungnahme sollst du …	richtig	falsch
a) … deine Argumente mit Fakten oder anschaulichen Beispielen stützen.	☐	☐
b) … den Leser / die Leserin deines Textes von deiner Sicht überzeugen.	☐	☐
c) … Argumente ausschließlich aus den vorliegenden Materialien entnehmen.	☐	☐
d) … sachlich und objektiv Übereinstimmungen und Unterschiede darstellen.	☐	☐
e) … eigene Erlebnisse oder Vorwissen in deine Stellungnahme einbringen.	☐	☐

B Erstes Textverständnis – Stoff sammeln

Sich einen ersten Überblick verschaffen

1 *Lies dir den Text **M1** aufmerksam durch. Was erfährst du über die Kleidergröße „zero" und die Folgen ihrer Einführung in Handel und Werbung? Markiere dazu Schlüsselwörter.*

2 *a) Was weißt du über Magersucht? Lies den Text **M2** und markiere Informationen zum Thema. Notiere am Rand wichtige Schlüsselbegriffe.*
b) Ordne die folgenden Überschriften den passenden Textabschnitten zu:

☐ Berechnung des Normalgewichts (A)   ☐ Hilfe bei Essstörungen (D)

☐ Einfluss von Mode und Medien (B)   ☐ Problem nicht nur für Frauen (E)

☐ Definition von Magersucht (C)   ☐ Schönheitsideal und Auswirkungen (F)

3 *Schau dir nun die Grafik **M3** genau an.*
a) Wie nennt man diese Art der grafischen Darstellung? Kreuze die richtige Antwort an.

1. ☐ Balkendiagramm   2. ☐ Tortendiagramm   3. ☐ Säulendiagramm   4. ☐ Tabelle

b) Fasse kurz die Aussage der Grafik zusammen.

Die Grafik ist ein _____ und zeigt, dass _____

_____

_____

Aufgabentyp 4b – Zu Medientexten Stellung nehmen

Einzelheiten klären – Zusammenhänge verstehen

4 *Erkläre die folgenden Fachbegriffe aus den Materialien M1, M2 und M3.*

Fachbegriff	Erklärung in eigenen Worten
1. Size zero	
2. Fashion Week	
3. Coke zero	
4. Anorexia	
5. Fitness	
6. Castingshow	
7. Idol	
8. Body-Mass-Index	
9. adipös	

5 *Hast du inzwischen einen Überblick? Ordne folgende Aussagen den passenden Materialien zu.*

M1 M2 M3

a) ... gibt Auskunft über die Verteilung des Körpergewichts unter Heranwachsenden.
b) ... definiert zum Nachschlagen den Begriff der neuen Kleidergröße „null".
c) ... benennt Personen, die alles tun, um Kleidergröße „null" tragen zu können.
d) ... veranschaulicht den Prozentanteil Heranwachsender mit normalem Körpergewicht.
e) ... berichtet über den Einfluss der Medien auf das Essverhalten Jugendlicher.
f) ... veranschaulicht Untersuchungsergebnisse in einem Tortendiagramm.
g) ... erwähnt, dass heute zunehmend auch Männer an Essstörungen erkranken.
h) ... liest sich wie ein Artikel aus der Zeitung und stammt aus dem Internet.
i) ... gibt die übliche Kennzahl für das gesunde, normale Körpergewicht an.

6 *Stelle nun Bezüge zwischen den Materialien her. Ergänze dazu die folgende Mind-Map, indem du fehlende Haupt- und Unterzweige zum Thema beschriftest.*

Schlankheitswahn

Jungen:

Body-Mass-Index:
-
-
-

Magersucht:
- Anorexia nervosa
- gestörtes Körpergefühl
- ...
- ...

Hilfe:

Rolle der Medien:
-
-

61

Aufgabentyp 4b – Zu Medientexten Stellung nehmen

C Übungen

Texte zusammenfassen

1 a) Informative Texte geben oft Antworten auf Fragen. Verbinde die Fragen mit der dazugehörigen Antwort. Gib in Klammern an, welcher Text die Information enthält (M1 oder M2, Zeile …).
b) Formuliere die fehlenden Antworten selbst (mit Material- und Zeilenangabe).

Frage	Antwort
a) Wie viele Mädchen und Jungen von jeweils 100 finden sich zu dick?	1) Körpergewicht: Körpergröße × Körpergröße (_____)
b) Wie entwickelt sich die Zahl der Jugendlichen mit Essstörungen?	2) Magersüchtige haben ein gestörtes Körpergefühl. Sie nehmen kaum Nahrung auf und verlieren Gewicht. (_____)
c) Welche wesentlichen Merkmale zeichnen Magersucht aus?	3) Normale Körperveränderungen in der Pubertät, verbunden mit Hänseleien durch Klassenkameraden, können das Essverhalten beeinflussen. (_____)
d) Wie ist der Anstieg der Essstörungen bei Jungen und Männern zu erklären?	4) Fitness hat heute in der Gesellschaft einen höheren Stellenwert als früher. (_____)
e) Inwieweit sind die Medien an den Opfern des Schlankheitswahns nicht unschuldig?	5) Stars, Mannequins, Castingshows haben Vorbildcharakter für Jugendliche. (_____)
f) Welche weiteren Gründe werden genannt, die bei Jugendlichen heute zu einem gestörten Essverhalten führen?	6) Die Zahl der Jugendlichen, die unter Essstörungen leiden, steigt immer weiter an. (M2, Zeile ____)
g) Wie wird der Body-Mass-Index berechnet?	7)
h) Woran starben 2006 zwei Models?	8)

Ein Tortendiagramm auswerten

2 Welche Fakten lassen sich aus dem Diagramm **M3** entnehmen? Fülle die Lücken im Text mit den entsprechenden Zahlen und Begriffen aus dem Wortspeicher.

Wortspeicher
0
17
78,4
6,0
2,0
5,1
7,1 (2 x)
14,5
adipös
normalgewichtig
stark untergewichtig
übergewichtig
untergewichtig

Das Tortendiagramm gibt Auskunft über die Anteile von Kindern und Jugendlichen im Alter von ____ bis ____ Jahren, deren Körpergewicht im Normalbereich bzw. über oder unter diesem liegt. Es fällt auf, dass der größte Teil mit ____ Prozent _____ ist, das sind immerhin mehr als zwei Drittel der untersuchten Kinder und Jugendlichen. Weniger bringen insgesamt ____% auf die Waage. Davon kann bei mindestens ____%, die als _____ bezeichnet werden, von Magersucht ausgegangen werden. Bei ____% besteht zumindest die Gefahr, noch weiter an Gewicht zu verlieren, da sie bereits als _____ gelten. Im Gegensatz dazu stehen die Kinder und Jugendlichen, die zu viel wiegen. Den insgesamt ____% Untergewichtigen stehen ____% gegenüber, die _____ sind. Vor allem ____% bringen so viel Gewicht mehr auf die Waage, dass sie als _____ bezeichnet werden.

Aufgabentyp 4b – Zu Medientexten Stellung nehmen

Materialien vergleichen

3 *Kreuze an, welche der Aussagen auf ein oder auf mehrere Materialien zutreffen, um Übereinstimmungen oder Unterschiede in den Textaussagen feststellen zu können.*

Aussage	M1	M2	M3
a) Einige Mädchen und Jungen und vor allem Models erkranken an Essstörungen, da sie „schlank" mit „schön" gleichsetzen.	☐	☐	☐
b) Modeindustrie, Werbebranche und Medien üben ein Schlankheitsdiktat auf die Models und alle anderen Kunden aus.	☐	☐	☐
c) Dieser Schlankheitswahn bedeutet eine extreme gesundheitliche Gefährdung, von Mangelerscheinungen bis hin zum Tod.	☐	☐	☐
d) Der Body-Mass-Index (BMI) gibt Auskunft darüber, ob das eigene Körpergewicht über, im oder unter dem Normalbereich liegt.	☐	☐	☐
e) Der größte Teil der Kinder und Jugendlichen ist normalgewichtig.	☐	☐	☐
f) Es gibt zwar insgesamt mehr übergewichtige Kinder und Jugendliche als untergewichtige, in der Pubertät ist die Anfälligkeit für Magersucht jedoch besonders hoch.	☐	☐	☐
g) Magersüchtige verweigern oft die Nahrungsaufnahme oder sie ernähren sich fast ausschließlich von extrem kalorienarmen Nahrungsmitteln.	☐	☐	☐
h) Die Kleidergröße null ist für ein Mädchen in der Pubertät auf natürlichem Wege nicht zu erreichen. Der Preis ist oft die Gesundheit.	☐	☐	☐
i) Essstörungen betreffen nicht nur Mädchen, sondern zunehmend auch Jungen.	☐	☐	☐

Stellung nehmen – Argumente formulieren

4 *Was denkst du über ein Schönheitsideal, das sich nur am Äußeren festmacht? Formuliere mit Hilfe der folgenden Begriffe Aussagen zum Thema „Schön sein = mager sein?". Gehe folgendermaßen vor:*
  a) *Wähle pro Aussage zwei Begriffe aus und markiere sie mit derselben Farbe. Du darfst auch eigene Begriffe ergänzen.*
  b) *Formuliere sechs Satzgefüge aus Haupt- und Nebensatz. Verbinde sie durch möglichst verschiedene Konjunktionen, z. B.* **weil, da, obwohl, wenn, solange, sodass.**

Aufgabentyp 4b – Zu Medientexten Stellung nehmen

Übersichtsblatt mit Aussagen zur Ausgangsfrage: **„Schön sein = mager sein?"**

Aussage: Dauerhafte *Essstörungen* sind so gefährlich, *weil* sie zum *Tod* führen können.

1. _____

2. _____

3. _____

4. _____

5. _____

6. _____

D Einen Schreibplan entwickeln

1 *Formuliere zunächst die **Einleitung**, in der du das jeweilige Thema der Materialien, den Titel, die Textsorte sowie deren Autoren bzw. die Quellen angibst. Setze die Einleitung entsprechend fort.*

> Die Frage, ob Schönheit heute vor allem bedeutet, dem mageren Schönheitsideal entsprechen zu müssen, wird besonders nach dem Tod einiger Models in den Medien diskutiert. Wichtige Aspekte zu diesem Thema kann man den beiden Texten sowie der Grafik entnehmen. Der erste Text, ein Lexikonartikel (M1) zum Stichwort …

2 *Im Hauptteil deiner Klassenarbeit fasst du die wesentlichen Informationen der Materialien M1–M3 zusammen und vergleichst ihre Aussagen. Greife dazu auf deine Ergebnisse aus Teil C zurück. Du kannst dazu folgende Satzbausteine und den Wortspeicher verwenden.*

> – Die zwei Texte liefern unterschiedliche Informationen zur Ausgangsfrage. Während M1 besonders …
> – Übereinstimmend wird im Zeitungsartikel (M2) deutlich, dass …
> – Das Diagramm hingegen …
> – Die statistischen Daten belegen zwar …

Wortspeicher
widersprechen
entsprechen
aussagen
veranschaulichen
abweichen
übereinstimmen

_____

_____

_____

Aufgabentyp 4b – Zu Medientexten Stellung nehmen

3 *Für deine **Stellungnahme** kannst du deine Ergebnisse aus Aufgabe 4 im Teil C verwenden. Notiere die drei Argumente, die dir am wichtigsten sind. Nenne das wichtigste Argument zuletzt. Ergänze je ein anschauliches Beispiel aus deiner Umgebung oder den Materialien.*

Ich meine, dass _____

_____

überzeugendes Argument (+ Beispiel): _____

_____

überzeugenderes Argument (+ Beispiel): _____

_____

überzeugendstes Argument (+ Beispiel): _____

_____

4 *Beende deine Stellungnahme mit einem Ausblick, einem Wunsch oder einer Warnung. Lies den folgenden Ausblick und formuliere Warnung und Wunsch zu Ende.*

| Zu guter Letzt wage ich einen Blick in die Zukunft und behaupte, dass es noch mehr Magersüchtige geben wird, wenn das Schönheitsideal sich weiter auf extrem schlanke Körper beschränkt – und alles spricht derzeit dafür. | Zuletzt will ich insbesondere die Mädchen, aber auch die Jungen eindringlich warnen: Neben den gesundheitlichen Folgen … | Abschließend hoffe ich, dass … |

E Den eigenen Text überarbeiten

1 *Prüfe mit Hilfe der Checkliste, an welchen Stellen du deinen Text überarbeiten solltest.*

✓ Checkliste „Stellungnahme zu Sachtexten"

	+	−
☐ Hast du jeweils die wesentlichen Informationen der drei Materialien dargestellt?	☐	☐
☐ Werden Gemeinsamkeiten und Unterschiede zwischen den Materialien deutlich?	☐	☐
☐ Hast du die Ausgangsfrage eindeutig und nachvollziehbar beantwortet?	☐	☐
☐ Beinhaltet die Stellungnahme drei Argumente mit anschaulichen Beispielen?	☐	☐
☐ Hast du in der Stellungnahme auch eigene Erfahrungen eingebracht?	☐	☐
☐ Endet dein Text mit einem Ausblick, einer Warnung oder einem Wunsch?	☐	☐
☐ Verknüpfst du Argument und Beispiel durch verschiedene Konjunktionen?	☐	☐
☐ Hast du Rechtschreibung und Zeichensetzung auf Richtigkeit überprüft?	☐	☐

UMGANG MIT TEXTEN UND MEDIEN

Welche Computerspiele gehören ins Kinderzimmer? – Informationen aus Sachtexten bewerten

Die Gefahren und die Chancen von Computerspielen werden zurzeit in den Medien stark diskutiert.
1. Fasse die wesentlichen Aussagen der Materialien M1 bis M4 zur Nutzung von Computerspielen kurz zusammen.
2. Setze die Aussagen der Texte (M1, M3 und M4) zu denen des Diagramms (M2) in Beziehung und erläutere das Spielverhalten von Kindern und Jugendlichen am Computer.
3. Nimm kurz Stellung, ob bzw. welche Computerspiele du als Elternteil erlauben oder verbieten würdest.

M1

Computerspiele erfüllen viele Bedürfnisse
von Tobias Kaufmann

Für viele Erwachsene ist das nicht nachvollziehbar: Warum kann der Junge, der sich sonst für nichts länger als eine halbe Stunde interessiert, stundenlang reglos am Computer sitzen? „Ein zentraler Spaßfaktor bei PC-Spielen ist es, selbst etwas bewirken zu können", erklärt Christoph Klimmt (Medienforscher an der Universität Hannover). Men-
5 schen, gerade Kinder, sind so gepolt, dass dieses Erlebnis ihnen Spaß macht. Zwar gibt es einen solchen Spaßfaktor auch bei klassischen Gesellschaftsspielen, aber der eigene Erfolg ist dabei viel abhängiger von Zufall, Glück und den Handlungen der Mitspieler. Nur am Computer kann ein Mausklick riesige Ergebnisse erzielen, positiv wie negativ. Auch Neugierde ist ein Instinkt, der beim Computerspielen angesprochen wird. Der dunkle
10 Raum voller geheimnisvoller Truhen, den man im Rollenspiel nach und nach entdecken kann, bringt einfach Spaß.
Darüber hinaus sind Computerspiele spannend. „Das Spannungs- und Entspannungsverhältnis in Spielen ist vergleichbar mit dem in einem fesselnden Film", sagt Klimmt. Und wie beim Film identifiziert sich der Spieler mit der Hauptfigur, bangt und hofft mit
15 ihr – nur sehr viel intensiver. Im Film sieht man dem Helden passiv zu, am Computer rettet man die Welt selbst. Das Wohlgefühl des Happy Ends geht einher mit persönlichem Erfolg. „Das erhöht das Selbstwertgefühl", so Klimmt. Zu viel Erfolg ist jedoch langweilig. Ist ein Spiel zu schwer, fliegt es ebenfalls schnell von der Festplatte. Manche brauchen Action und Nervenkitzel eines Ballerspiels. Andere fasziniert es, Welten zu er-
20 schaffen, mit Waren zu handeln und Politik zu betreiben. Aber für alle Zielgruppen gilt: Wenn das Maß aus Frust und Erfolg stimmt, wenn die Hauptfigur so glaubwürdig ist, dass man sich mit ihr identifiziert, dann wird ein Spiel ein Bestseller.

Magazin des Kölner Stadt-Anzeiger, 28. 2. 07

M2

Computerspiele: Top oder Flop?
Die Nutzung von Spielen alleine oder gemeinsam mit anderen – Eltern, Geschwistern oder Freunden – ist bei Kindern die am häufigsten ausgeübte Tätigkeit am Computer. […] Bei der Frage nach dem liebsten Computerspiel ergibt sich eine große Bandbreite. Deutlicher Favorit ist „Die Sims", das von 16 Prozent der Spieler und damit am häufigsten
5 genannt wird. Vor allem Mädchen (22 %) schätzen dieses Simulationsspiel, bei dem aufeinander bezogenes Handeln mehrerer Personen und rücksichtsvolles Verhalten ein wichtiges Spielprinzip darstellen, aber auch bei den Jungen ist es das beliebteste Spiel (12 %). Auf den zweiten Platz kommt im Jahr der Fußballweltmeisterschaft das Sportspiel „FIFA", das 9 Prozent der Spieler angeben – allerdings fast ausschließlich Jungen
10 (15 %, Mädchen: 1 %). Ungebrochen scheint der Harry-Potter-Boom, als liebstes Computerspiel haben die Zauberlehrlinge aus Hogwarts 8 Prozent der Spieler überzeugt – Jungen (8 %) und Mädchen (9 %) gleichermaßen.

KIM-Studie 2006

Aufgabentyp 4b – Textinformationen bewerten

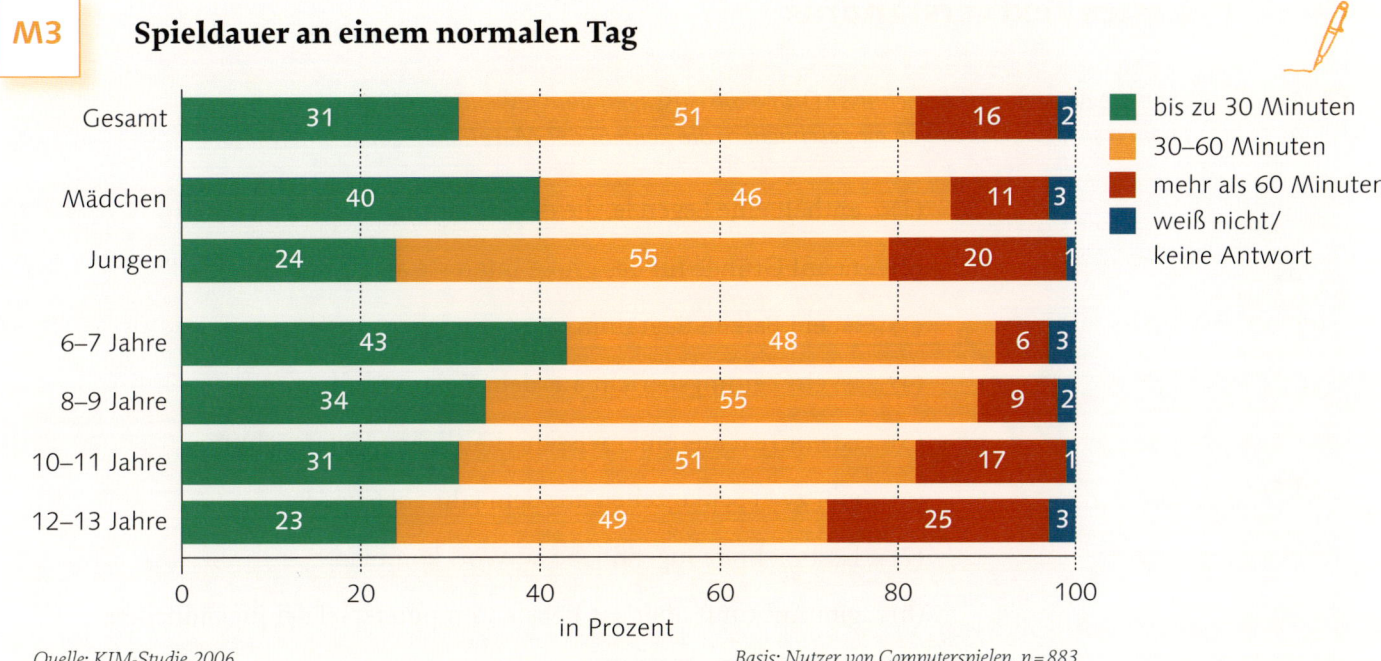

M3 Spieldauer an einem normalen Tag

Quelle: KIM-Studie 2006   Basis: Nutzer von Computerspielen, n = 883

M4 Ego-Shooter: Womit man Soldaten trainiert

A Die dunkle Seite des Internets
Machen solche Spiele Kinder zu Killern?

Er robbt hinter die Mauer. Gewehrfeuer prasselt. Er sieht den feindlichen Posten, visiert den Kopf an! Treffer! Die Gestalt bricht zusammen. „Ausgeschaltet! knistert es aus dem Kopfhörer. Weiter!" […]

B Ehemaliger Schüler richtet Blutbad an Schule in Emsdetten an

Ehemalige Lehrer des jungen Mannes gaben an, er sei für sein Faible für das gewalttätige Computerspiel Counter-Strike bekannt gewesen und habe für das Spiel den Grundriss der Schule nachgebaut. […]

2006, BILD.T-Online.de

A Die Aufgabe verstehen

1 Kreuze die richtigen Aussagen an.

Du sollst …	richtig	falsch
a) … aus den Materialien M1–M4 eines auswählen und gründlich untersuchen.	☐	☐
b) … das Material auswählen, das dir am besten gefällt.	☐	☐
c) … die wesentlichen Aussagen der Materialien M1–M4 zusammenfassen.	☐	☐
d) … herausfinden, wie viele Kinder gerne Computer spielen.	☐	☐
e) … für die Nutzung von Computerspielen werben.	☐	☐
f) … die wesentlichen Textinformationen mit den Angaben im Diagramm vergleichen.	☐	☐
g) … eine Elternumfrage zum Thema „Computerspiele" durchführen.	☐	☐
h) … die Frage beantworten, ob bzw. welche PC-Spiele deine Kinder spielen dürften.	☐	☐
i) … zur Frage Stellung nehmen, ob und welche PC-Spiele du daheim spielen darfst.	☐	☐

Aufgabentyp 4b – Textinformationen bewerten

B Erstes Textverständnis

1 *Worüber geben die Materialien Aufschluss? Ordne die Aussagen dem jeweiligen Material zu. Vorsicht, es haben sich zwei Aussagen eingeschlichen, die keinem der Materialien zuzuordnen sind.*

M1	(1) ... enthält eine Legende, die die Bedeutung der Farben erklärt.
	(2) ... nennt Gründe für das große Interesse an PC-Spielen.
	(3) ... ist ein Balkendiagramm.
M2	(4) ... ist ein Zeitungsbericht aus dem Kölner Stadt-Anzeiger.
	(5) ... ist ein Text aus einer wissenschaftlichen Untersuchung.
	(6) ... gibt zwei Schlagzeilen aus dem Jahr 2006 wieder.
	(7) ... lässt mehrere Jugendliche zu Wort kommen.
M3	(8) ... gibt Auskunft über das liebste Computerspiel der Jugendlichen.
	(9) ... vergleicht Computerspiele mit den klassischen Gesellschaftsspielen.
	(10) ... teilt Computerspiele in verschiedene Arten ein.
	(11) ... unterscheidet verschiedene Altersgruppen.
	(12) ... vergleicht die Verkaufspreise unterschiedlicher Spiele.
M4	(13) ... wertet Zeiträume (Dauer) in Prozentangaben aus.
	(14) ... zitiert einen Wissenschaftler.

C Übungen

Diagramme verstehen

1 *Worüber gibt das Diagramm M3 Auskunft? Streiche jeweils das falsche Wort durch. Der Tipp hilft dir.*

> **TIPP**
>
> **Diagramme verstehen:**
> - Lies die **Überschrift** und die **Beschriftung** der Achsen.
> - Orientiere dich an **Farben**, (Leer-)**Zeilen** und **Spalten**.
> - Beachte die **Quelle** und weitere **Erklärungen** (Legende).

Das Diagramm bezieht sich auf eine wissenschaftliche Untersuchung zum Medienkonsum 6- bis 13-Jähriger in Deutschland aus dem Jahr *2006 / 2000*. Es stellt dar, wie lange Kinder an einem *normalen / außergewöhnlichen* Tag in etwa Computer spielen. Die Ergebnisse sind durch *Leerzeilen / Trennstriche* in drei Bereiche unterteilt. *Ganz oben / Ganz unten* liefert das Diagramm einen Gesamtüberblick, darunter folgt die Darstellung der Ergebnisse nach *Geschlechtern / Altersstufen* und zuletzt nach *Altersstufen / Geschlechtern* getrennt. Die unterschiedlichen Farben geben dabei die Anzahl der *Minuten / Stunden* an, die ein Spieler bzw. eine Spielerin vor dem Computer verbringt. Außerdem gibt es die Kategorie *weiß nicht / will nicht* für alle, die ihre vor dem Computer verbrachte Zeit nicht einschätzen konnten. Die Zahlen sind Prozentangaben und beziehen sich demnach immer auf die Zahl *100 / 1000*. 40% bedeutet hier z.B., dass 40 von *1000 / 100* Mädchen *bis zu 30 Minuten / mehr als 60 Minuten* an einem normalen Tag Computer spielen.

Aufgabentyp 4b – Textinformationen bewerten

Einem Diagramm Informationen entnehmen

2 *Fülle die Lücken im Text mit den entsprechenden Prozentangaben aus dem Kasten.*

| 25 % | ~~51 %~~ | 16 % | 17 % | 20 % | 11 % | 6 % | 9 % |

Grundsätzlich lässt sich dem Diagramm entnehmen, dass die überwiegende **Mehrzahl** der Kinder, nämlich __51 %__, täglich 30 bis 60 Minuten Computer spielt. Nur _____ spielen länger als 60 Minuten am Computer.

Unterscheidet man die **Geschlechter**, fällt auf, dass Jungen grundsätzlich mehr Zeit mit dem Spielen am Computer verbringen, _____ spielen täglich sogar mehr als eine Stunde. Bei den Mädchen sind es dagegen nur _____.

Bei Betrachtung der Altersstufen zeigen sich besonderes im Spielzeitraum von mehr als 60 Minuten Auffälligkeiten. _____ der 6- bis 7-Jährigen spielen mehr als 60 Minuten täglich, in der Altersklasse der 8- bis 9-Jährigen sind es bereits _____, bei den 10- bis 11-Jährigen sind es _____ und bei den 12- bis 13-Jährigen sind es sogar _____. Hier lässt sich eine deutliche Steigerung erkennen: Mit zunehmendem Alter verbringen die Kinder mehr Zeit mit dem Spielen am Computer.

Texten Informationen entnehmen

3 *a) Lies den Text M1 sorgfältig. Unterstreiche dazu wesentliche Informationen im Text.*
b) Ergänze die folgenden Stichworte an inhaltlich passender Stelle in die Randspalte.

| Spaßfaktor | Bestseller | Vergleich mit Gesellschaftsspielen | Neugierde | Vergleich mit Film | Spannung |

4 *Zwei Schüler haben die wesentliche Aussage des Textes folgendermaßen zusammengefasst: Welche Zusammenfassung überzeugt dich eher? Begründe deine Meinung in mindestens zwei Sätzen.*

> Viele Eltern können überhaupt nicht nachvollziehen, was an PC-Spielen so faszinierend sein soll. Leider verbringen viele Kinder aber deutlich mehr Stunden mit Computerspielen als mit ihren Hausaufgaben. Das mag wohl am Spaßfaktor der Spiele liegen.
>
> — Fabian

> PC-Spiele kommen so gut an, weil sie Spaß machen und spannend sind. Jeder Spieler kann als „Held" selbst eingreifen und unheimlich viel bewirken. Er fühlt sich dadurch gut, allerdings nur, wenn das Spiel ihn weder über- noch unterfordert.
>
> — Anne

Ich halte die Zusammenfassung von _____ für überzeugender, weil _____

_____

_____

_____

Aufgabentyp 4b – Textinformationen bewerten

5 Lies den Text M3 aufmerksam durch und notiere kurz die Antworten auf folgende Fragen:

a) Wofür nutzen Kinder den Computer am häufigsten? _____

b) Wie heißen die drei beliebtesten Computerspiele? _____

c) Welche Auffälligkeit zeigt sich bei dem Sportspiel „FIFA"? _____

d) Welches Spiel überzeugt Mädchen und Jungen gleichermaßen? _____

6 Die Schlagzeilen unter M4 bringen Befürchtungen zum Ausdruck, die Eltern, Politiker und Forscher beschäftigen. Formuliere die Bedenken, die in den Meldungen zum Ausdruck kommen, etwas sachlicher (Stichpunkte).

A: _____

B: _____

7 Fasse in einem Satz zusammen, auf welchen Zusammenhang die Überschrift von M4 verweist.

_____

_____

Informationen in Beziehung setzen

8 Kreuze an, welche Aussagen auf welche Materialien zutreffen. (Es können auch mehrere Materialien sein.)

M1	M2	M3	M4	
☐	☐	☐	☐	a) Computerspiele sind unter Kindern, vor allem aber Jugendlichen sehr beliebt.
☐	☐	☐	☐	b) Wenn der Spieler Spaß, Neugier und Spannung erleben kann, wird ein Spiel zum Bestseller, wie z. B. das abenteuerliche Spiel „Harry Potter".
☐	☐	☐	☐	c) Computerspiele fesseln schon 6 % der 6- bis 7-Jährigen über eine Stunde an den Computer, sofern das Maß aus Frust und Erfolg stimmt.
☐	☐	☐	☐	d) Manche Spiele werden eher von Jungen bevorzugt: So lockt z. B. das Spiel „FIFA" 55 % der Jungen – je nach Alter – täglich bis zu eine Stunde an den PC.
☐	☐	☐	☐	e) Die meisten 6- bis 13-jährigen Mädchen und Jungen verbringen 1/2 bis 1 Stunde mit PC-Spielen, die sie ebenso faszinieren wie ein spannender Film.
☐	☐	☐	☐	f) Computerspiele sind Gesellschaftsspielen überlegen, da der eigene Erfolg weniger von Zufall und Glück abhängt. Statt „Mensch ärgere dich nicht" spielt man daher lieber „Die Sims".
☐	☐	☐	☐	g) Spieler identifizieren sich mit dem „Held" eines Computerspiels, wenn er ums Überleben kämpft. Können so unter ungünstigen Bedingungen aus Kindern Killer werden?

Stellung nehmen

9 Eltern wünschen sich für ihre Kinder meistens andere Freizeitbeschäftigungen als allein im Kämmerchen am Computer zu spielen. Was könnte das sein?

Bewegung an der frischen Luft, _____

Aufgabentyp 4b – Textinformationen bewerten

10 *Entscheide dich:* **Als Elternteil würde ich Computerspiele wahrscheinlich**

a) ☐ grundsätzlich erlauben.   b) ☐ mit Einschränkungen erlauben.   c) ☐ grundsätzlich verbieten.

Notiere drei Aspekte, mit denen du deine Einstellung begründen möchtest.

1. _____

2. _____

3. _____

> **TIPP**
> Berücksichtige z. B.
> ☐ Alter/Geschlecht
> ☐ Spieldauer
> ☐ Art des Spiels
> ☐ Schulleistung
> ☐ Lernwert des Spiels
> ☐ Spaßfaktor …

D Einen Schreibplan erstellen

1 Führe den Leser/die Leserin in das Thema ein, ergänze dazu im Beispieltext jeweils die richtige Textsorte.

Zur Beantwortung der Ausgangsfrage liegen vier _____ vor. Es handelt sich um einen _____ aus dem Magazin des Kölner Stadt-Anzeigers, einen _____ und ein _____ _____ aus einer wissenschaftlichen Untersuchung zum Medienumgang von Kindern, der _____ und um zwei _____ der Bild-Zeitung.

> Schlagzeilen
> Materialien
> Balkendiagramm
> Zeitungsartikel
> KIM-Studie

2 Setze den Text fort, indem du die Materialien M1–M4 knapp zusammenfasst. Verwende dafür deine Ergebnisse aus Teil C (Aufgaben 1–7).

3 a) Setze nun die Informationen in Beziehung zueinander. Lege fest, in welcher Reihenfolge du auf die einzelnen Aspekte des Themas eingehen willst. Ergänze in Klammern das Material, um das es geht.

☐ Spieldauer (_____)   ☐ Gefahren (_____)   ☐ Spielvorlieben (_____)   ☐ Gute Gründe (_____)

b) Schreibe nun einen zusammenhängenden Text. Deine Ergebnisse aus Teil C, Aufgabe 8, helfen dir.

4 Formuliere nun deine Vorarbeiten in den Aufgaben 9 und 10 im Teil C zu einer kurzen Stellungnahme aus.

E Den eigenen Text überarbeiten

1 Das ist ein Ausschnitt aus einer Stellungnahme. Überarbeite ihn im Hinblick auf Rechtschreibung (drei Fehler) und Ausdruck (vier Fehler), indem du Verbesserungsvorschläge an den Rand schreibst.

VORSICHT FEHLER!

Als Elternteil würde ich Computerspiele warscheinlich nur ein bisschen erlauben,	_____
da nicht jedes Computerspiel für jede Altersklasse geeignet ist. Ein Ballerspiel	_____
kann jüngere Kinder durchaus zum nachahmen animieren, diese Gefahr sehe ich	_____
bei Jugendlichen aber nicht mehr. Sie können Spiel und Echtheit gut unterschei-	_____
den. Auserdem sollten meiner Meinung nach nicht mehr als drei Stunden täglich	_____
vor dem Computer verbracht werden, sonst tun die Augen eckig werden.	_____

LERNSTANDSERHEBUNG

Vorbilder: „Helden des Alltags" – Für den Lernstandstest trainieren

Lies den folgenden Text und bearbeite dann die Aufgaben dazu auf den Seiten 73–76.

Nicht nur Prominente geben gute Vorbilder ab

Auszubildende befragen 600 Passanten

Von Brigitte Schmiemann

Sie sprudeln über vor Ideen und sind mit Begeisterung bei der Sache: Zehn Auszubildende aus dem Berliner SOS-Berufsausbildungszentrum haben in den letzten Wochen nahe der Gedächtniskirche[1] fast
5 600 Passanten nach ihren Vorbildern befragt. Überraschendes Ergebnis: 162 der Befragten sagten, sie hätten überhaupt keines, 56 nannten Vorbilder aus der Familie und dem Freundes- und Bekanntenkreis – sogar Chefs waren darunter. Den meisten Befragten
10 (274) fielen aber erwartungsgemäß Prominente als ihr Vorbild ein. Die restlichen Angaben seien nicht zuzuordnen gewesen.

Häufiges Vorbild: J. Klinsmann

„Mich hat trotzdem erstaunt, wie viele Jugendliche Vorbilder in ihrer eigenen Familie ausgewählt ha-
15 ben", sagte Aysen Konanc (24 Jahre). Die Befragung sei auch in ihrer Familie bei den drei jüngeren Geschwistern gut angekommen. Im SOS-Berufsbildungszentrum in Wedding[2], wo derzeit 250 junge Menschen aus 20 Ländern in zehn Berufen ausgebildet werden, lernt die junge Berlinerin Kauffrau für Bürokommunikation
20 – ein Projekt, das jungen Müttern die Chance einer Berufsausbildung bietet.
Gestartet wurde die Vorbild-Aktion Anfang Oktober, als die Auszubildenden als sogenannte SOS-Scouts[3] auf die Straße gingen und auf T-Shirts zeigten, wen sie sich als Vorbild ausgesucht hatten. „Ich habe meinen vierjährigen Sohn Mehmet Ozan gewählt. Kinder sind noch gut, und wir müssen sie stärken, damit sie so bleiben. Leider wachsen viele
25 anders auf und haben keine Hoffnung mehr. Ich will meinem Kind Werte wie Ehrlichkeit, Liebe, Zusammenhalt und Verlässlichkeit vermitteln", berichtet die 24-Jährige.
Das SOS-Berufsausbildungszentrum Berlin gehört zum SOS-Kinderdorf-Verein und gibt chancenschwachen Jugendlichen aus schwierigen sozialen Verhältnissen eine Chance, im Leben Fuß zu fassen. Am Freitag wird zehnjähriges Bestehen gefeiert. SOS-Scout Ser-
30 gej Sergeew (21 Jahre), der bei der Vorbild-Aktion mitgemacht hat, wird das von ihm selbst komponierte Lied zur Kampagne „Vorbilder jetzt" vortragen.
Einen Tag zuvor werden die Jugendlichen im Roten Rathaus[4] ihre Vorbilder des Jahres 2006 auszeichnen. Dazu gehören die Frauenrechtlerin Seyran Ates, der Schriftsteller Werner Tiki Küstenmacher, Berlin-Marathon-Erfinder Horst Milde und vor allem viele
35 „Menschen wie du und ich": der Imbissverkäufer, der jedem hilft, genauso wie die 17-Jährige, die ihre Schule durchzieht und ihre Schwester motiviert, die Ausbildung zu beenden.

Berliner Morgenpost, 24. Oktober 2006

1 **Gedächtniskirche:** Ruine am Bahnhof Zoo
2 **Wedding:** Bezirk mit hohem Migrantenanteil
3 **Scout:** Pfadfinder, Späher
4 **Rotes Rathaus:** Sitz des Bürgermeisters in Berlins

Multiple-Choice-Aufgaben

TIPP

Bei einer **Multiple-Choice-Aufgabe** („Auswahlaufgabe") musst du unter mehreren Lösungen die richtige auswählen und ankreuzen. Hier gibt es **immer** nur eine richtige Antwort. In seltenen Fällen wirst du nach der **falschen** Aussage gefragt. Setze auch dann nur **ein Kreuz**.

 Antworten, die dir nicht ganz falsch, aber auch nicht ganz richtig vorkommen, kreuze **nicht** an.

1 *Welche Aussage ist nach Brigitte Schmiemanns Artikel richtig? Kreuze sie an.*

a) ☐ Vorbilder sind nur Prominente.
b) ☐ Vorbilder sind ausschließlich Freunde und Verwandte.
c) ☐ Vorbilder sind meist Chefs und Vorgesetzte.
d) ☐ Vorbilder sind für die meisten Befragten Prominente.

2 *Kreuze an: Welche Behauptung stimmt nicht mit den Aussagen im Text überein?*

a) ☐ Auszubildende befragten Berliner nach ihren Vorbildern.
b) ☐ Berliner Passanten wurden nach ihren Vorbildern befragt.
c) ☐ 600 Auszubildende befragten Passanten in Berlin.
d) ☐ 600 Passanten wurden von Auszubildenden befragt.

Richtig-Falsch-Aufgaben

TIPP

Bei einer **Richtig-Falsch-Aufgabe** musst du entscheiden, ob eine Aussage richtig oder falsch ist, ob sie zutrifft oder nicht, ob sie so im Text steht oder so nicht aus dem Text zu entnehmen ist. Oft hängt die Entscheidung für „richtig" oder „falsch" nur von einem Ausdruck oder einer kleinen Formulierung ab. Lies deshalb sehr genau!

Bei dieser Aufgabenart musst du **für jede Aussage ein Kreuz** an der entsprechenden Stelle (richtig / falsch; trifft zu / trifft nicht zu usw.) setzen.

3 *Die Azubis haben mit Begeisterung die Umfrage durchgeführt. Entscheide, welche der folgenden Aussagen mit dem Text übereinstimmen und welche nicht.*

	stimmt überein	stimmt nicht überein
a) Zehn Azubis haben eine Passantenbefragung durchgeführt.	☐	☐
b) In der Gedächtniskirche befragten sie fast 600 Passanten.	☐	☐
c) Die Umfrage bezog sich auf die Werte ihrer Familienmitglieder.	☐	☐
d) 161 Personen sagten, sie hätten überhaupt kein Vorbild.	☐	☐
e) Ungefähr 600 Passanten wurden nach ihren Vorbildern befragt.	☐	☐
f) 65 Befragte nannten Prominente als Vorbilder.	☐	☐
g) Eine Passantin nannte ihren Sohn (4 Jahre) als Vorbild.	☐	☐

Aufgabenformate trainieren

4 *Was erfährst du über die Personen, die die Befragung durchgeführt haben? Kreuze an.*

	trifft zu	trifft nicht zu
a) Die Jugendlichen arbeiten im Auftrag eines Berufsbildungszentrums.	☐	☐
b) Das Zentrum bietet Ausbildungen für zehn Berufe an.	☐	☐
c) Die Azubis kommen aus 22 verschiedenen Ländern.	☐	☐
d) Die SOS-Scouts trugen T-Shirts mit ihrem jeweiligen Vorbild.	☐	☐
e) Keiner nannte seinen Chef als Vorbild, aber alle hatten eins.	☐	☐
f) Erstaunlicherweise wählten viele Jugendliche Vorbilder aus der eigenen Familie.	☐	☐

Zuordnungsaufgaben

TIPP

Bei einer **Zuordnungsaufgabe** (auch Matching-Aufgabe, von englisch *to match* „zusammenpassen") musst du aus einer Menge von Wörtern, Satzteilen oder Sätzen zusammengehörende Paare bilden. Dabei ist in der Regel der Inhalt entscheidend.

Hinweis Geh in allen Zweifelsfällen nach dem Ausschlussverfahren vor: Bilde zuerst die Paare, bei denen du ganz sicher bist, dann fällt dir die Wahl zwischen den übrigen Paaren leichter.

5 *Ordne die Begründungen für die Großschreibung (rechte Seite) den Beispielen aus dem Text (linke Seite) zu.*

a) ihr Vorbild, meinem Kind	1) nominalisiertes Verb
b) jüngeren Geschwistern; restlichen Angaben	2) nach Mengenangaben
c) zehnjähriges Bestehen, die Befragten	3) nach Pronomen
d) Ehrlichkeit, Begeisterung, Ergebnis	4) vorangestelltes Adjektiv
e) viele Menschen, zehn Berufe	5) Nomen mit der Endung *-keit, -ung, -nis*

6 *Verbinde die zueinanderpassenden Haupt- und Nebensätze.*

a) Man muss nicht weltberühmt sein,	1) weil sich jeder vorbildlich verhalten kann.
b) Im Familienkreis findet man auch Vorbilder,	2) um ihr positives Verhalten zu würdigen.
c) Häufig werden Prominente als Vorbilder gewählt,	3) um als Vorbild zu gelten.
d) Als Vorbilder werden Menschen ausgezeichnet,	4) dass man sie darin bestärken muss.
e) Kinder sind noch so herrlich unverdorben,	5) die durch die Medien bekannt sind.

Kurzantworten

TIPP

Bei Aufgaben dieser Art musst du die richtige Antwort **mit eigenen Worten formulieren.** Antworte so kurz und knapp wie möglich, aber immer in vollständigen Sätzen. Achte bei Begründungen darauf, Satzgefüge mit Konjunktionen zu verwenden (Bsp.: *weil, obwohl, indem* …).

7 *Welche Grafik trifft das Ergebnis der Befragung? Notiere das richtige Schaubild.*

Am ehesten gibt das Schaubild _____ die Ergebnisse der Umfrage wieder.

Begründung: _____

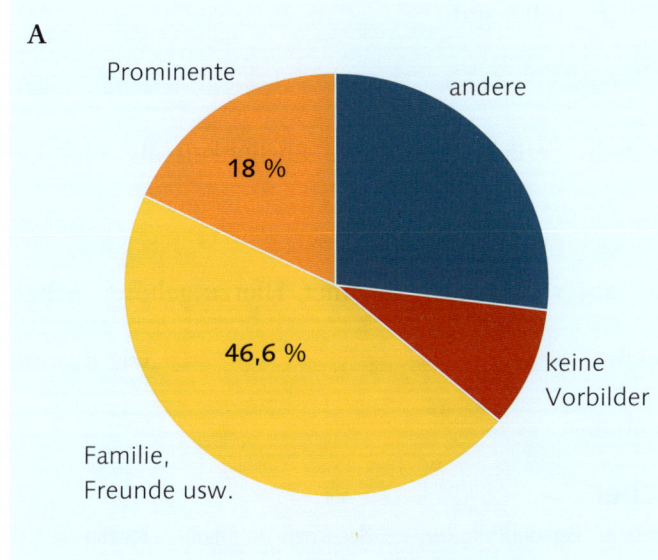

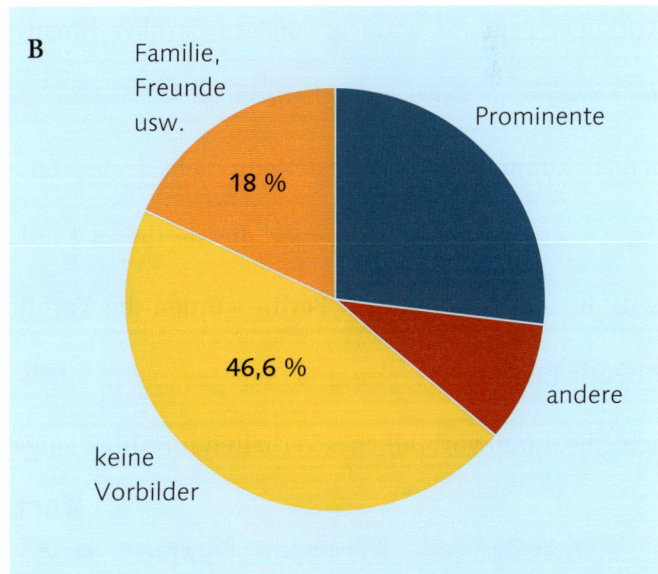

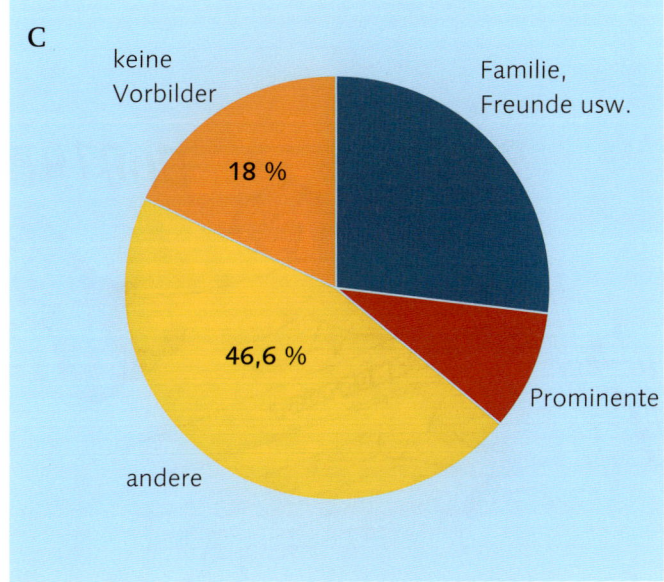

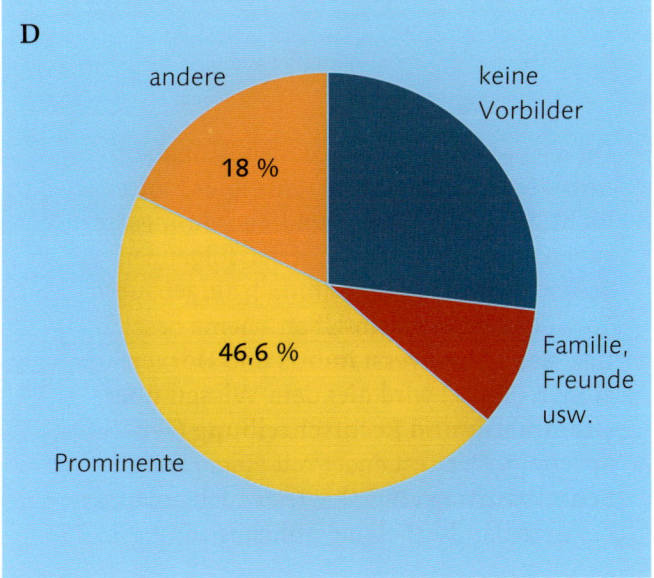

Aufgabenformate trainieren

Einsetzaufgaben

TIPP

Bei einer **Einsetzaufgabe** musst du passende Wörter in einen Lückentext einsetzen. Hier gibt es drei Schwierigkeitsgrade:
1. Die gesuchten Begriffe stehen in einem Wortspeicher und können so eingesetzt werden.
2. Es existiert zwar ein Wortspeicher, aber du musst die Wörter noch in die jeweils richtige Beugungsform bringen (z. B. Verben konjugieren oder Nomen deklinieren).
3. Du musst die Lücken selbst aus einem vorher angebotenen Text durch gezieltes Nachlesen heraussuchen oder aus deinem Vorwissen ergänzen.

 Falls es einen Wortspeicher gibt, lies ihn sorgfältig, **bevor** du die Lücken ausfüllst.

8 *Fülle die Lücken mit passenden Wörtern aus dem Wortspeicher, ohne im Text nachzulesen.*

Der Zeitungsartikel berichtet von Jugendlichen in Berlin, die 600 _____ nach ihren Vorbildern befragt haben. Sie kamen zu dem Ergebnis, dass nicht nur _____ als Vorbilder genannt wurden, sondern darüber hinaus auch Verwandte, gute _____ und sogar der sonst so unbeliebte _____ eine _____ haben können. Eine Fragestellerin hebt Liebe, Zusammenhalt, Verlässlichkeit und Ehrlichkeit als wichtige _____ hervor, die sie ihrem Kind als familiäres _____ vorleben will. Im Roten Rathaus in Berlin wurden die Vorbilder des Jahres 2006 ausgezeichnet. Hierzu gehören neben öffentlichen _____ auch zahlreiche _____ „wie du und ich", die durch vorbildliches Verhalten im Alltag aufgefallen sind.

Wortspeicher

Vorbildfunktion   Prominente   Passanten   Werte   Freunde   Persönlichkeiten   Menschen   Chef   Vorbild

Du hast jetzt die verschiedenen **Aufgabenformate** (Kurzantworten, Multiple-Choice-, Richtig-Falsch-, Einsetz- und Zuordnungsaufgaben) kennen gelernt. Auf den folgenden Seiten findest du einen ähnlich aufgebauten Test, der sich mit demselben Thema beschäftigt. Neben **Leseverständnis** und **Hörverstehen** (Teil 1) wird hier dein **Wissen über Grammatik und Rechtschreibung** (Teil 2) abgefragt. Der Test endet mit einem **freien Schreibauftrag** (Teil 3), wie er auch am Ende der Lernstandserhebung üblich ist.

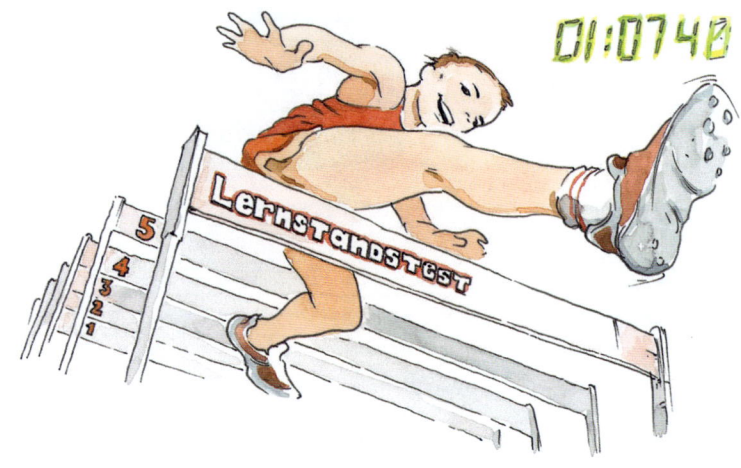

1. Leseverstehen und Reflexion über Sprache

Die Loreley, bekannt als Fee und Felsen[1],
ist jener Fleck[2] am Rhein, nicht weit von Bingen,
wo früher Schiffer mit verdrehten Hälsen,
von blonden Haaren schwärmend, untergingen.

5 Wir wandeln uns. Die Schiffer inbegriffen.
Der Rhein ist reguliert und eingedämmt.
Die Zeit vergeht. Man stirbt nicht mehr beim Schiffen,
bloß weil ein blondes Weib sich dauernd kämmt.

Nichtsdestotrotz geschieht auch heutzutage
10 noch manches, was der Steinzeit ähnlich sieht.
So alt ist keine Heldensage,
dass sie nicht doch noch Helden nach sich zieht.

Erst neulich machte auf der Loreley
hoch überm Rhein ein Turner einen Handstand!
15 Von allen Dampfern tönte Angstgeschrei,
als er kopfüber an der Wand stand.

Er stand, als ob er auf dem Barren stünde.
Mit hohlem Kreuz. Und lustbetonten Zügen.
Man frage nicht: Was hatte er für Gründe?
20 Er war ein Held. Das dürfte wohl genügen.

Er stand, verkehrt, im Abendsonnenscheine.
Da trübte Wehmut seinen Turnerblick.
Er dachte an die Loreley von Heine[3].
Und stürzte ab. Und brach sich das Genick.

25 Er starb als Held. Man muss ihn nicht beweinen.
Sein Handstand war vom Schicksal überstrahlt.
Ein Augenblick mit zwei gehobnen Beinen
ist nicht zu teuer mit dem Tod bezahlt!

P. S.: Eins wäre allerdings noch nachzutragen:
30 Der Turner hinterließ uns Frau und Kind.
Hinwiederum, man soll sie nicht beklagen.
Weil im Bezirk[4] der Helden und der Sagen
die Überlebenden nicht wichtig sind.

Erich Kästner

HELDEN
Ursprünglich sind Helden oft berühmte Krieger von edler Herkunft. Stark, tapfer und somit fast unbesiegbar, wie Siegfried aus dem Nibelungenlied. An ihnen nahmen sich die Menschen ein Beispiel.

1 **Fee:** In der literarischen Tradition eine blonde Frauengestalt mit Zauberkräften, in der Kunst oft als Nixe dargestellt.
2 **Fleck:** Stelle, Ort
3 **Loreley von Heine:** Heinrich Heines Gedicht „Loreley" handelt von einer Frauengestalt, die auf einem Felsen im Rhein sitzt und Vorüberfahrende ins Unglück stürzt.
4 **im Bezirk:** in der Welt

TESTE DICH! ■ TESTE DICH! ■ TESTE DICH! ■ TESTE DICH!

1 *Treffen die folgenden Aussagen auf das Gedicht zu oder nicht? Kreuze jeweils an.*

		trifft zu	trifft nicht zu
a)	Es geht um den tödlichen Unfall eines Turners.	☐	☐
b)	Der Unfall ereignet sich am frühen Morgen.	☐	☐
c)	Ort des Geschehens ist der Loreley-Felsen am Rhein.	☐	☐
d)	Der Turner wird von den Überlebenden als Held gefeiert.	☐	☐

2 P.

2 *Welche der folgenden Aussagen ist richtig? Kreuze an.*

Kästners Gedicht ...

		richtig	falsch
a)	... bezieht sich auf Heines schöne Ehefrau Loreley.	☐	☐
b)	... setzt sich mit Heines Gedicht „Loreley" auseinander.	☐	☐
c)	... stellt den Turner als bewundernswerten Helden dar.	☐	☐
d)	... behauptet, dass der Heldentod kein Mitleid verdient.	☐	☐

2 P.

3 „Die Zeit vergeht. Man stirbt nicht mehr beim Schiffen, bloß weil ein blondes Weib sich dauernd kämmt."
Wie ist dieser Satz gemeint? Kreuze die richtige Antwort an.

a) ☐ Die Schifffahrt auf dem Rhein ist sicherer geworden.

b) ☐ Seeleute sind heute weniger risikofreudig als früher.

c) ☐ Heute übt die Loreley als Sagenfigur keine Macht mehr aus.

d) ☐ Blonde Frauen sind heute nicht mehr so beliebt wie damals.

1 P.

4 Das Gedicht trägt keine Überschrift. Welcher der folgenden Titel passt deiner Meinung nach am besten? Begründe kurz deine Meinung anhand des Textes.

Vorschlag A: Eine Heldensage mit bösen Folgen

Vorschlag B: Der Handstand auf der Loreley

Vorschlag C: Vom Tod eines „Helden"

Vorschlag D: Die „Helden" von heute

Am besten passt Vorschlag: ☐

Begründung: _____

_____

_____

_____

4 P.

TESTE DICH! ■ TESTE DICH! ■ TESTE DICH! ■ TESTE DICH!

5 Ob sich Kästner mit seinem Gedicht auf eine wahre Begebenheit bezieht, ist nicht bekannt. Folgender Zeitungsartikel könnte dem Gedicht zu Grunde liegen. Lies ihn zunächst durch.

Tod am Rhein

Gestern Abend ereignete sich am wohl bekanntesten Felsen des Rheintals, der Loreley, ein tragischer Unfall. Ein junger Mann stürzte bei einer gewagten Akrobatikvorführung in den Tod. Besatzung und Gäste eines Ausflugsschiffes berichteten schockiert, dass er in schwindelnder Höhe einen perfekten Handstand gemacht habe und dann plötzlich vom Felsen in die Tiefe gefallen sei. Der Mann hinterlässt eine Frau und einen fünfjährigen Sohn.
Die Motive des Familienvaters bleiben unklar. Die Polizei ermittelt, ob es sich um einen ungewöhnlichen Selbstmord handelt. Die Bewohner von Bingen sprechen hingegen von einem weiteren Opfer der Loreley.

6 „Die Bewohner von Bingen sprechen hingegen von einem weiteren Opfer der Loreley."
Wie ist dieser letzte Satz des Zeitungsartikels zu verstehen? Kreuze an.

a) ☐ Die Loreley hat den Turner heimtückisch und unbemerkt vom Felsen gestoßen.
b) ☐ Der Turner stürzte beim Anblick der Loreley ab und starb als Held.
c) ☐ Opfer der Sagenfigur Loreley waren früher Seeleute, nun ist es der Turner.
d) ☐ Ein plötzlicher starker Windstoß führte zum Absturz des Akrobaten.

1 P.

7 Vergleiche den Zeitungsartikel mit dem Gedicht. Ordne die passenden Paare aus Gedicht und Zeitungsartikel einander zu.

a) von allen Dampfern tönte Angstgeschrei
b) im Abendsonnenscheine
c) Fleck am Rhein, nicht weit von Bingen
d) ein Augenblick mit zwei gehobnen Beinen
e) man frage nicht: Was hatte er für Gründe?

1) bei einer gewagten Akrobatikvorführung
2) die Motive [...] bleiben unklar
3) gestern Abend
4) am wohl bekanntesten Felsen des Rheintals
5) Besatzung und Gäste eines Ausflugsschiffes berichteten schockiert

2,5 P.

8 Welche der folgenden Aussagen treffen auf das Gedicht, welche auf den Zeitungsbericht, welche auf beide Texte zu? Kreuze an.

Der Text ...	Gedicht	Bericht
a) ... informiert über die Hinterbliebenen.	☐	☐
b) ... wirft die Frage auf, ob der Turner ein Held ist.	☐	☐
c) ... geht auf die Gefühle der beteiligten Personen ein.	☐	☐
d) ... gibt den Vorfall neutral und sachlich wieder.	☐	☐
e) ... macht Aussagen zu den Motiven des Turners.	☐	☐

3 P.

TESTE DICH! ■ TESTE DICH! ■ TESTE DICH! ■ TESTE DICH!

9 a) Kennst du diese „Helden"? Lies die jeweiligen Kurzbeschreibungen.

Superman

Ursprünglich eine US-amerikanische Comicfigur, die 1932 erfunden wurde. Der Superheld im blauen Anzug und roten Umhang hat übermenschliche Kräfte, einen „Röntgenblick" und kann fliegen. Diese Kräfte setzt er für gute Zwecke ein: Er hilft Menschen, die in (Lebens-)Gefahr sind und bekämpft das Verbrechen. Er stammt vom Planeten Krypton.

Hans und Sophie Scholl

Die Geschwister Scholl gehörten der Weißen Rose an, einer hauptsächlich aus Studenten bestehenden Gruppe, die im Untergrund Widerstand gegen den Nationalsozialismus leistete. Beide wurden wegen der Verteilung von Flugblättern an der Universität in München festgenommen und 1943 vom Volksgerichtshof zum Tode verurteilt und hingerichtet.

Michael Schumacher

Ehemaliger deutscher Formel-1-Rennfahrer. Er hat die Formel-1-Weltmeisterschaft sieben Mal gewonnen und ist damit der erfolgreichste Pilot dieser Rennserie. Zahlreiche Rekorde hat er mit einigen lebensgefährlichen Unfällen bezahlt. Nun will er sich mehr ins Privatleben zurückziehen und Nachwuchstalente im Rennsport fördern.

b) Welche der folgenden Aussagen trifft auf alle abgebildeten Figuren / Personen zu? Kreuze an.

	trifft zu	trifft nicht zu
A) Sie verfügen alle über besondere Körperkräfte.	☐	☐
B) Sie sind alle Personen der Zeitgeschichte.	☐	☐
C) Alle riskieren ihr Leben für höhere Ideale.	☐	☐
D) Sie haben alle etwas Außergewöhnliches geleistet.	☐	☐

2 P.

c) Welche der oben abgebildeten Figuren ist für dich am ehesten ein Held? Begründe.

<u>Für mich ist / sind am ehesten _____ ein Held / eine Heldin, weil</u> _____

_____

3 P.

10 Was würdest du tun, wenn du ein Held wärst? Bilde mit den Verben aus dem Wortspeicher je vier Sätze im Konjunktiv II und mit der Umschreibung durch **würde**. Schreibe sie in dein Heft.

<u>Wenn ich ein Held wäre, gäbe es in der Schule keine Schlägerei mehr.</u>

<u>Ich würde mich dafür einsetzen ...</u>

Wortspeicher
versuchen
überzeugen
retten
helfen
kommen
fördern
geben
eingreifen

4 P.

TESTE DICH! ■ TESTE DICH! ■ TESTE DICH! ■ TESTE DICH!

11 Die folgende Lösung zu Aufgabe 10 enthält **zwölf** Rechtschreibfehler. Korrigiere sie, indem du die richtige Schreibweise in das freie Kästchen unter dem fehlerhaften Wort einträgst.

Wenn ich ein Held oder eine Heldin wäre, würde ich voller Begeisterung versuchen, den vilen [vielen] armen Menschen auf der Welt ein besseres Leben zu ermöglichen. Ich ginge z.B. für längere Zeit nach Afrika, um dort für bessere higienische [hygienische] Bedingungen und ein Gutes [gutes] Schulsystem zu sorgen. Das wichtigste [Wichtigste] wäre aber, das [dass] alle Menschen genug zu essen haben. Dafür würde ich an die Reichen [reichen] Länder der Welt appelliren [appellieren], etwas von ihrem Vermögen abzugeben. Ich selbst gäbe auch die hälfte [Hälfte] meines Geldes ab. Wenn nicht alle nur den eigenen Profiet [Profit] im Auge hätten, nicht immer nur konsumirten [konsumierten], sondern auch abgeben würden, würde das viele vor dem verhungern [Verhungern] retten. Wenn ich dann aus Afrika zurückkäme, würde ich nach Indien aufbrechen, um dort den ärmsten [Ärmsten] zu helfen.

12 P.

12 Welche der folgenden Aussagen treffen auf den Konjunktiv II zu? Kreuze an.

Der Konjunktiv II …	trifft zu	trifft nicht zu
a) … beschreibt eine nicht wirkliche Situation.	☐	☐
b) … gibt die Meinung eines anderen wieder.	☐	☐
c) … wird aus dem Präteritum *oder* mit der Ersatzform „würde" gebildet.	☐	☐
d) … wird für die Vorvergangenheit verwendet.	☐	☐

2 P.

TESTE DICH! ■ TESTE DICH! ■ TESTE DICH! ■ TESTE DICH!

2. Zuhören und verarbeiten

1 *Auch Aufgaben zum Hörverstehen können ein Bestandteil einer Lernstandserhebung sein. Lass dir den folgenden Text „Großes Lob für junge Lebensretter" in normalem Sprechtempo vorlesen. Während des Zuhörens darfst du dir Notizen machen.*

TIPP
Halte Papier und Stift bereit. **Notiere** beim Zuhören nur **zentrale Begriffe** (Schlüsselwörter). Versuche auf keinen Fall, ganze Sätze mitzuschreiben! Nutze **Abkürzungen** und **Symbole**, um Zusammenhänge darzustellen (Pfeile, Ausrufezeichen, Fragezeichen, Smileys usw.)

Großes Lob für junge Lebensretter

In einem Mehrparteienhaus brach am Sonntag, dem 13. August, durch eine defekte Steckdose ein Wohnungsbrand aus. Drei 17-Jährige haben durch couragiertes Handeln Menschenleben gerettet. Einer der jungen Helden sitzt jetzt hier vor mir.

Reporter: Raphael, was genau ist denn passiert?
Raphael: Es war frühmorgens, so gegen sieben. Patrick, Sarah und ich kamen gemeinsam von einer Fete und wollten Brötchen holen. Plötzlich bemerkten wir einen beißenden Geruch, aus Fenstern und Türen qualmte Rauch.
Reporter: Wo war das?
Raphael: In der Gevelsberger Straße 18.
Reporter: Und dann habt ihr nicht lange gefackelt ...
Raphael: Nein, denn die Bewohner schliefen offenbar noch. Patrick hat Sturm geklingelt, aber es öffnete niemand. Sarah hat inzwischen mit dem Handy die Feuerwehr gerufen.
Reporter: Aber ihr habt nicht auf die Feuerwehr gewartet ...
Raphael: Ich habe meine Kapuze vor das Gesicht gezogen und die Tür eingetreten. Es dauerte ewig, bis der erste Bewohner endlich aus der Tür stolperte. Wir mussten ihn mit aller Kraft zurückhalten, damit er nicht zurückgeht. Sein Mitbewohner war ja noch in der Wohnung. Wir sind nicht von der Tür gewichen, bis beide in Sicherheit waren.
Reporter: Und der Qualm? Seid ihr nicht fast erstickt?
Raphael: Na ja, wir wurden zwar mit Verdacht auf Rauchvergiftung ins Krankenhaus gebracht, durften aber am selben Abend wieder gehen. Glück gehabt.
Reporter: Das kann man wohl für alle Beteiligten sagen – nicht jeder hätte so kurz entschlossen gehandelt.
Raphael: Für uns war das gar keine Frage, wir mussten etwas tun.

2 *Welche Geschehnisse haben sich ereignet, welche nicht? Kreuze an.*

	stimmt	stimmt nicht
a) Der Brand wurde durch eine defekte Steckdose ausgelöst.	☐	☐
b) Aufmerksame Nachbarn alarmierten sofort die Feuerwehr.	☐	☐
c) Als niemand die Tür öffnete, trat Raphael sie kurz entschlossen ein.	☐	☐
d) Die Jugendlichen erlitten eine sehr schwere Rauchvergiftung.	☐	☐

2 P.

3 *Wie haben die Jugendlichen sich bei dem Vorfall verhalten? Kreuze an.*

Die Jugendlichen haben ...

	stimmt	stimmt nicht
a) ... mit dem Handy die Feuerwehr gerufen.	☐	☐
b) ... bei der Rettungsaktion ihr Leben riskiert.	☐	☐
c) ... einen Bewohner davon abgehalten, ins Haus zurückzukehren.	☐	☐
d) ... zögerlich und unentschlossen reagiert.	☐	☐

2 P.

TESTE DICH! ■ TESTE DICH! ■ TESTE DICH! ■ TESTE DICH!

4 a) In einer Diskussion über den Vorfall äußern die Klassenkameraden der Jugendlichen unterschiedliche Positionen. Lies sie zunächst in Ruhe durch.

Diana meint:

„Die haben sich ziemlich unvernünftig und waghalsig verhalten. Alles andere als vorbildlich. Was da alles hätte passieren können! Sie mussten ja sogar ins Krankenhaus. Es hätte doch gereicht, die Feuerwehr zu rufen."

Alexander entgegnet:

„Für mich sind das Vorbilder. Ich finde es mutig und entschlossen, nur mit der Kapuze über dem Gesicht die Tür einer brennenden Wohnung einzutreten. Vielleicht wären die Bewohner sonst verbrannt!"

Steffi sagt:

„Die drei jetzt gleich ‚Helden' zu nennen, finde ich etwas übertrieben. Aber Lebensretter sind sie auf jeden Fall. Sie haben geholfen, sind aber nicht ohne sich zu schützen in die brennende Wohnung gerannt. Das war vorbildlich."

3 P.

b) Welche Positionen kannst du teilen? Begründe deine Meinung in wenigen Sätzen.

Ich teile die Position von: _____

Begründung: _____

_____

_____

5 Erinnere dich an den Zeitungsartikel über die Passantenbefragung. Er berichtet von einer jungen Mutter, Aysen Konanc, die ihren vierjährigen Sohn Mehmet als Vorbild gewählt hat (Zeile 23). Kannst du ihre Wahl nachvollziehen? Kreuze die entsprechende Aussage an und begründe sie kurz.

☐ a) Ja, ich kann die Wahl nachvollziehen, weil _____

_____

_____

☐ b) Nein, ich kann die Wahl nicht nachvollziehen, weil _____

_____

_____

3 P.

TESTE DICH! ■ TESTE DICH! ■ TESTE DICH! ■ TESTE DICH!

6 *Betrachte folgende Grafik. Welche Aussage ist richtig, welche nicht? Kreuze an:*

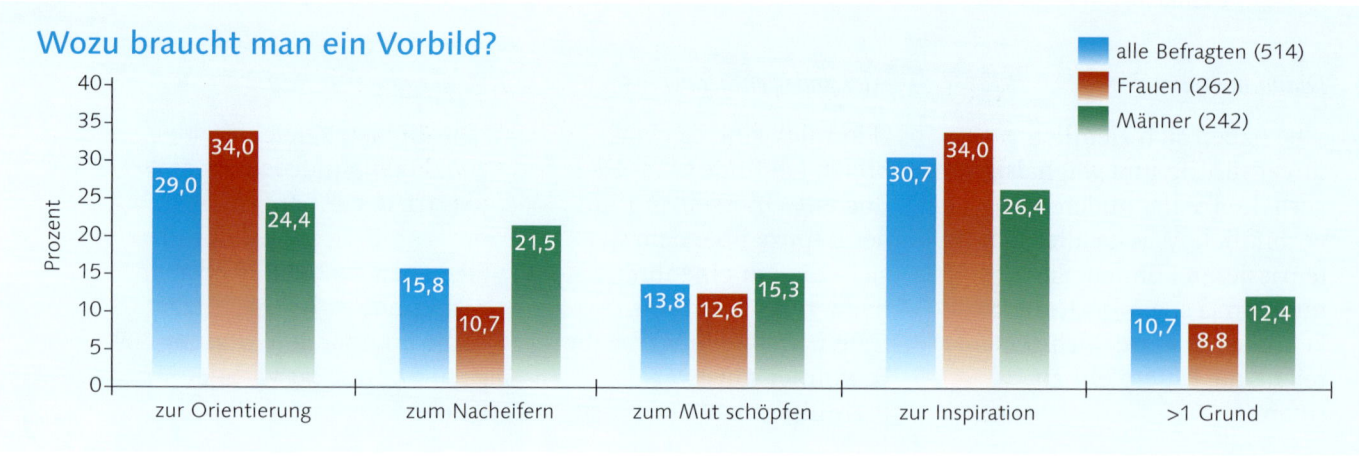

		richtig	falsch
a)	Knapp einem Drittel aller Befragten dienen Vorbilder zur Inspiration.	☐	☐
b)	10,7 % der Männer gaben mehrere Gründe als Antwort an.	☐	☐
c)	Weniger Frauen als Männer betrachten Vorbilder als Quelle, um Mut zu schöpfen.	☐	☐
d)	34 % der Frauen nutzen Vorbilder zur Orientierung.	☐	☐
e)	Der Hälfte aller Frauen bieten Vorbilder vor allem Orientierung.	☐	☐
f)	Mehr Männer als Frauen eifern ihren Vorbildern nach.	☐	☐

3 P.

7 *Wandle die Grafik in eine Tabelle um, die die Rangfolge der Gründe – sortiert nach Männern und Frauen – angibt.*

Frauen	Männer
Platz 1: _____	Platz 1: _____
Platz 2: _____	Platz 2: _zur Orientierung_____
Platz 3: _____	Platz 3: _____
Platz 4: _____	Platz 4: _____

3,5 P.

8 *Schau dir die Bilder auf Seite 83 an und überlege, ob davon ein Vorbild für dich in Frage käme. Du darfst auch ein anderes Vorbild nennen. Begründe deine Entscheidung kurz.*

4 P.

Für mich käme als Vorbild _____

in Frage, denn _____

_____

_____

_____

_____

84

TESTE DICH! ■ TESTE DICH! ■ TESTE DICH! ■ TESTE DICH!

3. Bereich: Schreiben

Deine Schule veranstaltet eine Projektwoche zum Thema „Vorbilder: Helden des Alltags". Für den Präsentationstag soll ein Plakat angefertigt werden, zu dem noch ein Foto benötigt wird. Diese vier Fotos sind in die engere Wahl gekommen:

A

B

C

D
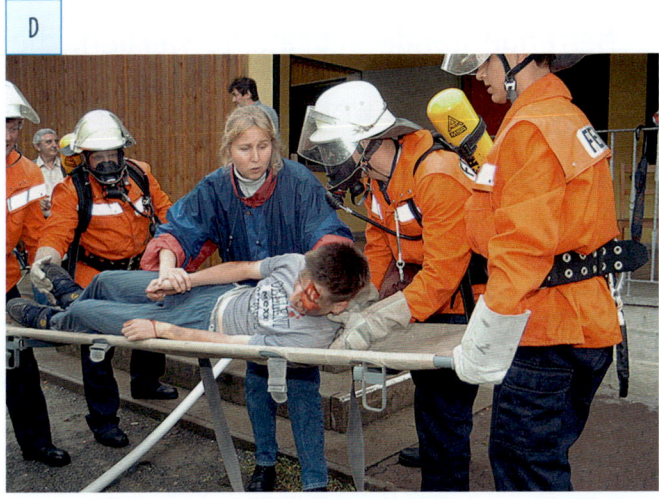

1 Kreuze dasjenige Bild an, das deiner Meinung nach am besten für die Plakatgestaltung geeignet ist.
Bedenke dabei die Kriterien, auf die sich die Schülervertretung geeinigt hat und begründe deine Wahl:

Das Bild sollte ...

→ ... auch im Vorübergehen **Aufmerksamkeit** erregen (durch Farbe, Motiv, Perspektive ...).   2 P.

→ ... als **Adressaten** jedermann ansprechen, vor allem aber Schülerinnen und Schüler.   2 P.

→ ... zum Handeln auffordern oder Handlungsbedarf illustrieren (**Appellcharakter**).   2 P.

→ ... mit einer **Überschrift** versehen werden, die zum Thema der Projektwoche passt.   2 P.

2 Verfasse nun einen Entwurf für deine Begründung auf einem gesonderten DIN-A4-Zettel.
Falte ihn dazu in der Mitte und beschreibe nur die linke Seite. Gehe dabei auf alle vier Kriterien der SV ein.

3 Überprüfe zuletzt, ob du **einleitend** das *Thema* sowie dein *Bild nennst, es kurz beschreibst*,   3 P.
deine Wahl schlüssig **begründest** und abschließend   1 P.
deine Argumente in einem **Schlussurteil zusammenfasst** und dich **angemessen ausdrückst**.   4 P.

TESTE DICH! ■ TESTE DICH! ■ TESTE DICH! ■ TESTE DICH!

4. Bereich: Texte überarbeiten

Kathrin war von der Plakatidee so begeistert, dass sie nach weiteren Bildern gesucht hat. Dabei ist sie auf dieses Bild gestoßen, das sie mit ihrer Begründung bei der SV einreichen will.

1 Um eine möglichst überzeugende Begründung abzugeben, hat Kathrin zwei Freundinnen gebeten, ihren Text zu korrigieren. In dieser kleinen Schreibkonferenz wurden folgende Fehlerzeichen verwendet:

A für **Ausdruck**sfehler (z. B. Umgangs- bzw. Jugendsprache),
W für **Wiederholung**,
Sb für **Satzbau**fehler und
R für **Rechtschreib**fehler.

Finde mit Hilfe der Korrekturen Verbesserungsvorschläge und notiere sie rechts am Rand.

Text	Fehler
Meine Wahl ist auf ein anderes Bild gefallen, <u>weil auf diesem Bild wird</u> viel deutlicher, dass ein paar	Sb
helfende Hände gebraucht werden, <u>die nicht eh' schon da sind</u>. Zwei davon hat jede(r) von uns und	A
Gelegenheiten zum <u>helfen</u> gibt es auch jeden Tag.	R
Der Augenblick, <u>wo die Frau</u> mit dem großen Kinderwagen oben auf dem Treppenabsatz steht,	A
<u>macht das echt klar. Die Frau</u> schaut so hilflos nach unten und fragt sich, wie sie ihr Baby samt Wagen	A, W
<u>heil runterkriegt</u>, da<u>s</u> man eigentlich nicht tatenlos vorübergehen kann. Aber <u>so was</u> passiert <u>total</u>	A, R
	A
<u>oft</u>, besonders an Bahnhöfen und U-Bahn-Eingängen: <u>Die Frau</u> muss dann Stufe für Stufe ihren	A
	W
Kinderwagen <u>runterschaffen</u>. Dabei wird das Kleine meistens so heftig durchgerüttelt, da<u>s</u> es anfängt <u>zu heulen</u>. Niemand hilft <u>der Frau</u> von	A
	R
	A, W
sich aus. Sie muss immer erst fragen – <u>wie uncool ist das denn bitte?!</u>	A

8 P.

TESTE DICH! ■ TESTE DICH! ■ TESTE DICH! ■ TESTE DICH!

2 Im folgenden Teil der Begründung der Bildauswahl sind die Fehler zwar unterstrichen, die Korrekturzeichen fehlen aber noch. Ergänze die Korrekturzeichen für **R**echtschreibfehler, **S**atzbaufehler, **A**usdrucksfehler und **W**iederholungen am Rand und formuliere jeweils einen Verbesserungsvorschlag.

> Ausserdem erregt das Bild Aufmerksamkeit, weil durch die ungewöhnliche Perspektive erscheint die Treppe besonders hoch. Sie füllt das Bild fast zu zwei Dritteln, damit ist das Bild ein echter Hingucker. Das wird noch verstärkt, da der rosa Schal als einziger Farbfleck den Blick auf die junge Mutter lenkt, die sich schon beim anblick der Treppe den Schweiss von der Stirn wischt.
> Als Überschrift zu diesem Bild schlage ich „Helfende Hände? – Zwei davon gehören Ihnen!" oder „Sie sind jeden Tag gefragt – helfende Hände!" vor. So eine Überschrift spricht unsere Eltern, Mitschüler und Mitschülerinnen persönlich an, so das sie neugirig auf unsere Projektwoche werden.

5 P.

3 Den Schluss von Kathrins Begründung hat die Schreibkonferenz aus Zeitgründen nicht mehr fertigkorrigieren können. Markiere die Fehler, ergänze die Korrekturzeichen am Rand und formuliere daneben jeweils einen Verbesserungsvorschlag. Insgesamt solltest du zwei **R**echtschreibfehler, zwei **S**atzbaufehler, zwei **A**usdrucksfehler und eine **W**iederholung finden und korrigieren.

> Genau das wollen wir schliesslich erreichen: Sie werden kommen, um sich bei uns zu informiren, weil wir haben mit dem Plakat ihr Interesse geweckt. Und im Schulhaus gibt es nicht nur ziemlich viele Treppen, sondern auch viele Dinge zu schleppen. Obwohl auch außerhalb der Schule gibt es Momente, wo jeder eine gute Tat tun kann.

7 P.

4 Überarbeite nun in derselben Weise deinen eigenen Entwurf für die Begründung. Beachte dabei deine persönlichen Fehlerschwerpunkte. Die Rechtschreib- und Zeichensetzungsregeln in der Umschlagseite 3 helfen dir.

4 P.

Textquellenverzeichnis

S. 10/11: UNICEF, gekürzt und neu zusammengestellt aus Texten der Homepage: www.unicef.de, vom 02.07.2007
S. 16: Integration: voneinander lernen – gemeinsam leben. Blickpunkt Integration, 03/06. Erschienen beim Bundesamt für Migration und Flüchtlinge. Abteilung 3/Integration. Referat Informations- und Bürgerservice, Infomaterial, (vereinfacht und gekürzt)
S. 17: HUBERTUS VON HÖRSTEN: Nur weil ich Türke bin?; aus: DER SPIEGEL, 06/01 (gekürzt) (Spiegelarchiv: http://service.spiegel.de/digas/find?DID=27820468)
S. 22/23: WOLFGANG BITTNER: Der Überfall; aus: Stand up'. Zivilcourage ist angesagt. Hrsg. Von Reiner Engelmann. Arena Verlag, Würzburg 1996. S. 15 f. (gekürzt)
S. 28/29: BANANA YOSHIMOTO: Tsugumi, Übersetzung. Annelie Ortmanns. Diogenes Verlag, Zürich 1996, S. 14–20 (gekürzt)
S. 40/41: CHRISTIAN BUSS: Wenn der Mullah-Wecker rappelt (Titel geändert); aus: http://www.spiegel.de/kultur/gesellschaft/0,1518,405857,00.html vom 14.03.2006
S. 46/47: WILLY FÄHRMANN: Die letzte Fähre; aus: Ferne Bilder – nahe Welten. Erzählungen, Arena Verlag, Würzburg 2002, S. 80–89
S. 52: LUDWIG JACOBOWSKI: Großstadt-Lärm; aus: Ausklang – Neue Gedichte aus dem Nachlass. Hrsg. von Rudolf Steiner. J. C. C. Bruns Verlag, Minden 1901, S. 202
S. 58: ANDREAS BERNHARD: Size Zero, aus: Magazin der Süddeutschen Zeitung, Nr. 52, 29.12.2006 (gekürzt)
S. 58/59: SANDRA MÜLLER: Im Kampf mit dem eigenen Körper. „Ich bin zu dick", nach: www.helles-koepfchen.de/artikel/1888.html vom 22.06.2007 (gekürzt)
S. 66: TOBIAS KAUFMANN: Computerspiele erfüllen viele Bedürfnisse; aus: Magazin des Kölner Stadt-Anzeigers vom 28.02.2007, S. 2-3.
S. 67: Computerspiele: Top oder Flop? aus: KIM-Studie 2006, Kinder und Medien, Computer und Internet. Basisuntersuchung zum Medienumgang 6- bis 13-Jähriger in Deutschland, Hrsg: Medienpädagogischer Forschungsverbund Südwest, http//www.mpfs.de
S. 67: R. PÖRNER, D. DREYFÜRST und J. RUDOLPH: Die dunkle Seite des Internet. Machen solche Spiele Kinder zu Killern?; aus: http://www.bild.t-online.de/BTO/news/aktuell/2006/11/23/internet-dunkle-seite-serie-teil1/internet-dunkle-seiteteil1.html vom 14.06.2007
S. 72: BRIGITTE SCHIEMANN: Nicht nur Prominente geben gute Vorbilder ab (Titel geändert, urspr.: Berliner finden Vorbilder auch bei Freunden und Verwandten); aus: http://www.morgenpost.de/content/2006/10/24/berlin/861672.html vom 12.04.2007.
S. 78: ERICH KÄSTNER: Der Handstand auf der Loreley; aus: Gesang zwischen den Stühlen. Atrium Verlag, Hamburg 1985

Bildquellenverzeichnis

S. 10 oben links: ullstein bild / Lineair
S. 10 oben rechts, unten rechts: UNICEF, Köln
S. 10 unten links: ullstein bild / Still Pictures
S. 16 links: Pawlowski / images.de
S. 16 Mitte: picture-alliance/dpa/dpaweb © dpa – Report
S. 16 rechts: Schulten / images.de
S. 35: Jan Guillou: Evil – Das Böse. Umschlagfoto von Mathias Johanson. © 2007 Deutscher Taschenbuch Verlag, München
S. 40: Cinetext/OZ
S. 52, 77: picture-alliance / akg-images
S. 59: Grafik: www.learn-line.nrw.de/angebote/agenda21/daten/gesund.htm vom 20.02.2007
S. 59 unten: picture-alliance/dpa © dpa – Fotoreport
S. 67: Grafik nach: KIM-Studie 2006 (s. Textquellenverzeichnis, S. 67)
S. 72, 80 rechts, 83 rechts, 85 unten links: picture-alliance/dpa © dpa – Report
S. 79: picture-alliance / © Bildagentur Huber
S. 80 links: © KPA
S. 80 Mitte: akg-images
S. 83 links: ullstein bild / AP
S. 83 zweites von links: © Warner Bros / Cinetext
S. 83 zweites von rechts: © Cintetext
S. 84: Grafik nach: http://www.vorbilder-jetzt.de/img/061016_Umfrageergebnisse.pdf, S. 7 vom 02.07.2007
S. 85 oben links: Thomas Schulz, Berlin
S. 85 oben rechts: © Volkmar Schulz / Keystone
S. 85 unten rechts: © emo-pictures
S. 86: © Jochen Zick / Keystone

Redaktion: Caroline Stiller
Bildrecherche: Gabi Sprickerhof
Illustration: Jaroslav Schwarzstein
Umschlaggestaltung: Katrin Nehm
Layoutkonzept: Katharina Wolff
Layout und technische Umsetzung: L101 Mediengestaltung, Berlin

www.cornelsen.de

1. Auflage, 5. Druck 2020

© 2007 Cornelsen Verlag, Berlin
© 2020 Cornelsen Verlag GmbH, Berlin

Das Werk und seine Teile sind urheberrechtlich geschützt. Jede Nutzung in anderen als den gesetzlich zugelassenen Fällen bedarf der vorherigen schriftlichen Einwilligung des Verlages. Hinweis zu §§ 60 a, 60 b UrhG: Weder das Werk noch seine Teile dürfen ohne eine solche Einwilligung an Schulen oder in Unterrichts- und Lehrmedien (§ 60 b Abs. 3 UrhG) vervielfältigt, insbesondere kopiert oder eingescannt, verbreitet oder in ein Netzwerk eingestellt oder sonst öffentlich zugänglich gemacht oder wiedergegeben werden. Dies gilt auch für Intranets von Schulen.

Druck: Athesiadruck GmbH

ISBN 978-3-06-060842-3

PEFC zertifiziert
Dieses Produkt stammt aus nachhaltig bewirtschafteten Wäldern und kontrollierten Quellen.
www.pefc.de
PEFC/18-31-166